The First Clash

The Miraculous Greek Victory at Marathon and Its Impact on Western Civilization

文明的冲突

东西方文明的第一次交锋

[美] 詹姆斯·莱西 —— 著
李崇华 —— 译

James Lacey

新世界出版社
NEW WORLD PRESS

著作权合同登记号：京权图字 01-2024-2572 号
THE FIRST CLASH by James Lacey
Copyright: ©2011 by James Lacey
This translation published by arrangement with Bantam Books, an imprint of Random House, a division of Penguin Random House LLC through Big Apple Agency, Inc., Labuan, Malaysia
Simplified Chinese edition copyright: 2024 New World Press Ltd.
All Rights Reserved.

图书在版编目（CIP）数据

文明的冲突：东西方文明的第一次交锋／（美）詹姆斯·莱西著；李崇华译 . -- 2 版 . -- 北京：新世界出版社，2024.8. -- ISBN 978-7-5104-7942-7

Ⅰ. K125

中国国家版本馆 CIP 数据核字第 2024XV1059 号

文明的冲突：东西方文明的第一次交锋

作　　者：	［美］詹姆斯·莱西
译　　者：	李崇华
责任编辑：	熊文霞
责任校对：	宣　慧
责任印制：	王宝根
出　　版：	新世界出版社
网　　址：	http://www.nwp.com.cn
社　　址：	北京西城区百万庄大街24号（100037）
发 行 部：	(010)6899 5968（电话）　(010)6899 0635（电话）
总 编 室：	(010)6899 5424（电话）　(010)6832 6679（传真）
版 权 部：	+8610 6899 6306（电话）　nwpcd@sina.com（电邮）
印　　刷：	小森印刷（北京）有限公司
经　　销：	新华书店
开　　本：	880mm×1230mm　1/32　尺寸：145mm×210mm
字　　数：	189千字　　印张：8.75
版　　次：	2016年6月第1版　2024年8月第2版
印　　次：	2024年8月第2版第1次印刷，累计第3次印刷
书　　号：	ISBN 978-7-5104-7942-7
定　　价：	72.00元

版权所有，侵权必究
凡购本社图书，如有缺页、倒页、脱页等印装错误，可随时退换。
客服电话：（010）6899 8638

主要人物

雅赫摩斯二世——埃及法老（公元前570—公元前526年在位）。通过军事政变登上王位，在位时间长达44年。人生中的最后几年，他一直在为应对波斯可能向埃及发动的进攻而积极备战。他在公元前525年古代波斯帝国冈比西斯二世大败埃及军队的贝鲁西亚之战前逝世。

阿里斯塔格拉斯——米利都僭主①。爱奥尼亚起义的发起者。起义之初，他亲自前去希腊寻求斯巴达支持，遭到拒绝后，又去往雅典游说，雅典同意派遣一小支队伍前去爱奥尼亚，并在班师

---

① 僭主：除了由波斯人扶植的一些僭主外，公元前7世纪到公元前6世纪古希腊众多城邦的僭主指非通过选举的合法方式取得城邦执政权力的人。——编者注

前焚毁波斯的萨第斯城。波斯因此对雅典怀恨在心，这就是公元前490年波斯入侵希腊，马拉松战役爆发的直接原因。

阿里斯提得斯——马拉松战场上的雅典十将军之一，安条克部落首领。马拉松战役结束几年之后，在政治斗争中输给地米斯托克利，遭到驱逐，离开雅典。公元前480年，雅典重新召回阿里斯提得斯，帮助抵御薛西斯的入侵。他在普拉蒂亚决战中担任雅典军队指挥官。

阿塔佛涅斯——爱奥尼亚起义期间，担任波斯帝国的吕底亚和爱奥尼亚总督。

阿斯提阿格斯——米底末代国王，居鲁士及其波斯盟友推翻了他的统治。之后，居鲁士登上皇位，联合波斯和米底军队的力量，缔造了古代世界最伟大的帝国之一。

卡利马库斯——马拉松战役中的雅典执政官（指挥官），在战争进入白热化阶段时战死。

冈比西斯二世——居鲁士的儿子和皇位继承者。公元前525年，赢得贝鲁西亚之战后，成功征服埃及。公元前522年，在返回帝国镇压起义的途中去世，死因至今仍有争议。

西蒙——米太亚德之子，薛西斯发动的第二次希波战争中的英雄。希罗多德向雅典人诵读自己的史书之时，正值他政治权力的巅峰时期。

克里斯提尼——麦加克勒斯之子，杰出的政治家，希庇亚斯的死敌。他推动了雅典民主政治的建立，并大力对其进行维护。

克里昂米尼——斯巴达国王，在位 20 年，马拉松战役爆发那年被斯巴达人驱逐。他的一生功绩显赫，拥立雅典国王，歼灭阿尔戈斯城邦的军队，迫使埃伊纳岛顺从听取斯巴达的安排。从很大程度上来说，克里昂米尼在波斯入侵前几年的一系列行动让雅典赢取马拉松战役成为可能。

克罗伊斯——吕底亚国王（公元前 560—公元前 546 年），在都城萨第斯外输给居鲁士，被迫退位，吕底亚王国就此被波斯推翻，成为逐渐壮大的波斯帝国的一部分。

赛隆——雅典的奥林匹克英雄，在迈加拉城支持下，试图夺取雅典僭主之位。叛变失败，顺利逃脱，但大多追随者在投降后依然遭到屠杀，执行杀戮任务的是阿尔克迈翁家族成员率领的一队杀手。这个"血仇"延续了一百多年，对雅典政治影响深远。

居鲁士——古代波斯帝国的建立者（公元前 559—公元前 530 年在位）起初是小国安桑的国王，后来领导反叛活动，击败米底帝国。在逝世之前，征服吕底亚和巴比伦帝国，并将它们并入波斯帝国。200 多年后的亚历山大大帝出现以前，他是古代西方世界最伟大的帝国缔造者。

大流士——出身波斯贵族，冈比西斯二世去世后，曾与七名年轻贵族携手争夺波斯皇位，经过一年的内战才成功稳固政权。他是一个出色的管理者，为帝国规划修建的基础建设和机构沿用了 200 年的时间。公元前 490 年，大流士命令波斯军队前去摧毁雅典城。

达提斯——马拉松战役中的波斯指挥官。

德玛拉托斯——与克里昂米尼共同担任斯巴达国王。两人关系向来紧张,最后克里昂米尼动用手段将他从王位上驱逐下去。后来逃往波斯宫廷,并在公元前480年的波斯远征中担任薛西斯的谋士。

戈布里亚斯——公元前541年,率领一大批巴比伦士兵投入居鲁士麾下。他跟随居鲁士参加了征服巴比伦的战争,统军攻下巴比伦首都,一直守卫至居鲁士抵达。

哈尔帕格——米底将军,背叛国王阿斯提阿格斯,率军投诚居鲁士。在居鲁士登上至高权力宝座的关键时刻,哈尔帕格的支持至关重要。他后来成为居鲁士最为信赖的将军,逼迫众多爱奥尼亚的希腊城邦臣服于波斯的统治。

希庇亚斯——庇西特拉图之子。父亲死后,继承僭主之位。自身能力出众,但在平衡雅典各种矛盾方面不及父亲。他遭到克里斯提尼废黜,居住在波斯帝国。后来跟随波斯军队来到马拉松,希冀波斯取胜后自己能够重登僭主之位。

希斯提埃乌斯——波斯帝国内一个希腊城邦的僭主。波斯人入侵色雷斯时他也在军中,竭力保卫了多瑙河上的重要桥梁,大流士的军队得以逃脱,成功逃脱令斯基泰人全军覆没的厄运。爱奥尼亚起义后期,他是希腊方面的主要领导者。

伊萨格拉斯——雅典贵族,平原党成员。反对克里斯提尼的统治,在斯巴达国王克里昂米尼的支持下攫取了政权,但此举遭到雅典公民大会的强烈抵制，斯巴达人撤回支持，他遭到放逐，离开雅典。

马铎尼斯——在镇压爱奥尼亚起义中起到关键作用的波斯将军。他向希腊东部的远征失败后，遭到大流士冷落。但公元前480年波斯入侵希腊时，他被薛西斯任命为最高军事指挥官。

美伽巴佐斯——大流士统治时期的波斯将军。征服斯基泰人的军事行动失败后，他留下来继续征服色雷斯。他怀疑希斯提埃乌斯怀有二心，向皇帝进谏，导致希斯提埃乌斯被派去苏萨，方便波斯君主监控其行动。

麦加克勒斯——雅典贵族，海岸党成员。最早是庇西特拉图的盟友，后来两人反目成仇。他不是曾经允诺保全赛隆（试图夺取僭主之位的奥林匹克英雄）性命却又食言将其杀死的那个麦加克勒斯。

老米太亚德——克森尼索首任僭主。庇西特拉图命他前去克森尼索，守卫雅典获取粮食的通道。他是克罗伊斯的亲密盟友，也是马拉松战役的英雄米太亚德的叔叔。

米太亚德——老米太亚德的侄子。他也担任过克森尼索僭主，爱奥尼亚起义期间返回雅典，并在马拉松战役中担当军队指挥官之一。

那波尼德——新巴比伦王国末代国王（公元前556—公元前539年在位）。他在与居鲁士的对战中落败，巴比伦很快被发展壮大的波斯吞并。那波尼德此前由于拒绝敬奉巴比伦的传统神明，失去巴比伦位高权重的祭司阶级以及大多数人民的支持。

法涅斯——波斯雇佣兵团的将军,起初为埃及人效力。公元前523年,波斯进攻埃及前夕,他临阵倒戈,转而支持波斯。他对波斯入侵的成功起到重要作用,成为冈比西斯二世最为器重的将军之一。

庇西特拉图——雅典首任僭主。在他的统治之下,雅典的商业走向繁荣,政治地位迅猛上升。

司美尔迪斯——居鲁士之子,冈比西斯的兄弟。他很可能是在入侵埃及之前或之后不久,被冈比西斯命人杀死。冈比西斯和波斯大军身在埃及时,假冒司美尔迪斯发动起义,篡夺皇位,引发了一场内战,波斯帝国由此爆发无数血战。最终,大流士在战乱中脱颖而出,成为波斯帝国新的统治者。

梭伦——雅典著名的法典制定者。他为雅典规划了基本的管理结构和法律体系。他积极号召雅典人继续同迈加拉作战,最终征服萨拉米斯。虽然得胜过程不乏曲折,但它标志着雅典开始强势崛起。

地米斯托克利——马拉松战场上的雅典十将军之一,坐镇指挥李昂蒂斯部落。公元前480年时,他成为雅典最具权势的政治家。他是关键战役萨拉米斯海战的英雄。

薛西斯——大流士的继承者。马拉松战役十年之后(公元前480年),他领导波斯大军再次入侵希腊,仍以失败告终。

目 录

引　言　001
前　言　决战时刻　010

第一部分　战争造就的帝国　015

第一章　帝国崛起　017
第二章　看向西方　031
第三章　终成帝国　038
第四章　大流士的崛起　046
第五章　熊熊烈火的考验　060
第六章　强盛的波斯　069

第二部分　雅典崛起　079

第七章　雅典崛起　081
第八章　为战而生的城邦　098
第九章　斯巴达对抗雅典　112

第三部分　初步行动　135

第十章　波斯重返战场　137

第十一章　爱奥尼亚起义　144

第十二章　斯巴达拯救希腊　165

第四部分　战争的方式　179

第十三章　巨人对战侏儒　181

第十四章　波斯的战争　189

第十五章　重装步兵作战方式　199

第十六章　西方战争方式　205

第五部分　战　役　213

第十七章　波斯扬帆起航　215

第十八章　马拉松平原　221

第十九章　大战前夕　234

第二十章　马拉松战役　237

第二十一章　大争论　251

结　论　265

引 言

自 2500 多年前诞生起，西方文明曾经历过无数场危机，其中最危险的时刻当数波斯大军入侵，试图将其扼杀在摇篮之中。然而，最近的西方学者总是有意低估当年波斯造成的威胁。在人们的普遍认识中，古代东方，尤其是所谓的波斯帝国，军事水平极为低下，这种误解其实与事实相去甚远。东方的伟大帝国都是通过战争建立并维持的。倘若帝国军队英勇善战，作战风格严酷，那么它就能成为该地区当之无愧的霸主。新兴力量推翻统治民族的军事力量，战败一方迅速衰落，新的民族和帝国便接管统治大权。公元前 6 世纪，伟大的征服者居鲁士就是在这样的过程中建立起了波斯帝国。自公元前 559 年开始，之后的几十年间，居鲁士的波斯大军横扫所有障碍，建立了庞大的帝国，其版图从印度河北部一直延伸至埃及。之后两百年内，波斯军队统治着一片国土面积与罗马帝国巅峰时期相当的辽阔地域，在亚历山大大帝的反复重击之下，波斯才最终走向倾覆。

两百多年的时间里，波斯只遭遇了两次重大的军事挫败。第一次是与占据亚洲南部大草原的游牧民族斯基泰人对战之时。波斯的敌人没有任何城池，也没有防御所需的充裕财富，他们最大的优势是能够撤退至广袤的内陆土地。这里原本就是不毛之地，斯基泰人一边撤退一边不忘烧毁所有东西，波斯军队在漫无边际的荒野里费力追逐着神出鬼没、拒绝应战的敌人，身心俱疲而又一无所获。波斯人为避免全军覆没的结局，只好撤兵回国，结果一路上却遭到斯基泰人不间断的凶残袭击。

第二次军事挫败便是波斯入侵希腊的战争，这与同斯基泰人的战争大相径庭。波斯皇帝们认为，希腊城邦执拗倔强，在波斯大军面前，希腊人必定誓死防卫城池，守护自己的尊贵，绝不可能弃城而逃，因此攻下希腊可谓如同瓮中捉鳖轻而易举。而且，波斯人看到希腊城邦在永无休止的自相残杀中耗费了大部分精力，认定这些城邦不太可能放下彼此间的仇恨与怀疑，建立长久的联盟，对抗共同的敌人。而且，在公元前5世纪初，即便希腊城邦团结一致，也未必能够阻挡波斯"大帝"的征战步伐，那些零零散散的城邦在波斯军队面前更是不值一提。波斯皇帝在进行如此一番分析的过程中，犯下了两个致命错误。首先，波斯军队的确令人闻风丧胆，但是以雅典和斯巴达为首的一众希腊城邦随时都能做好团结协作、抵御入侵者的准备。另一个根本上的错误是，他没有认识到，短兵相接之时，任一希腊城邦军队的作战能力都是不容小觑的。

波斯总共向希腊发动了两次侵略战争。雅典在马拉松大败波斯军队，波斯的第一次征战以失败告终。公元前480年的入侵规模更为宏大，斯巴达300勇士在温泉关的英勇牺牲让这场征战功昭后世，使其成了最为人所熟知的侵略战争。然而，很少有人注意到，10年前雅典在马拉松进行的英雄般的抗争，为希腊人注入了勇气和决心，后来他们才敢于抵挡波斯的第二次入侵。雅典重装步兵在马拉松平原上可以说是孤军奋战，他们所面对的波斯大军距离自家城池只有几十英里[①]。雅典指挥官发现，赶来救援的斯巴达人虽在急速行军，他们却没有时间继续等待，而其他任何城邦此时不会断然伸出援手。于是，指挥官向重装步兵下达了进攻的命令。不出两小时，波斯大军溃败，乱作一团的幸存者们匆忙登船逃走。

马拉松战役之后2500年间，一直有个谜团等待解开：雅典军队是否由一群毫无作战经验的乡野之夫拼凑而成？在面临波斯入侵的生死存亡关头，雅典为能够召集起来的所有农民和小商人披上重装步兵的盔甲，将他们送上了战场，这是真的吗？如果的确

---

① 长度单位，1英里 = 1.609344千米。——编者注

> 文明的冲突
> THE FIRST CLASH

如此，雅典在马拉松的得胜堪称奇迹。事实上，雅典人有勇气与波斯开战就已经是个奇迹了，甚至可以说这是疯狂之举。本书将会阐明，有了斯巴达人前来马拉松援助，雅典军队会更有胜算，但他们的重装步兵绝非业余军队。雅典军队在马拉松战役前曾与斯巴达军队正面对峙，其威严之势令斯巴达人也怕上三分。

雅典从不可战胜的波斯手中赢得胜利，这让其他希腊城邦尤为震惊，想必波斯人同样感到不可思议。马拉松战役的胜果激励了所有希腊城邦，在面对公元前480年波斯第二次更大规模的入侵时，他们挺直腰杆，以强大的信心勇敢对抗。马拉松的胜利也让波斯帝国境内的被奴役国看到了挣脱束缚的希望。事实证明，原来波斯军队并不是真的不可战胜。马拉松战役之后不久，埃及便发动起义，波斯出动大军才成功将其镇压。埃及的反叛，帝国内部与日俱增的动荡不安，这些让波斯大帝开始清醒地认识到，他不能让人们一直以马拉松战役作为评判标准。埃及起义虽以失败告终，但是他们在无意中为希腊人赢得了准备应对第二次波斯入侵的时间。

如若雅典重装步兵战败于马拉松，波斯自然也就没有发动第二次入侵的必要了。波斯人势必会摧毁雅典，然后，获得援兵，在第二年一路征服其他希腊城邦，或迫使其不战而降，屈从于波斯统治。假如雅典覆灭，希腊其他城邦并入波斯帝国版图，西方文明便是真的被扼杀在摇篮里了。因此，爱德华·克里西爵士1854年撰写《15场世界经典战役》时，以马拉松战役作为开篇之战也就不难理解了。该著作问世150多年后，两次世界大战以及数不胜数的其他冲突和战乱改变了世界格局，但其结论依然成立——任何战争，对于西方文明发展所起的重要作用，或决定性作用，都不及2500年前的马拉松战役。

对于历史学家而言，希波战争，尤其是马拉松战役的重要性无可比拟。希波战争代表着新生的西方文明与古老的东方文明之间的首次重大冲突。希波战争决定了东西方之间的巨大文化差异，随后的2500多年间，这种差异一直都是文化冲突的核心。

西方的政治和文化特色能够得以保存，马拉松战役取胜对这二者具有同等的重要性。学习军事史的学生对于马拉松战役有着特别的兴趣，因为关于这场战争爆发同时代以及前后时期的历史事件均有详细的史料记载，这在古代战争中实属首例。为我们提供第一手资源的希罗多德，常被尊称为"历史之父"，也常被贬为"谎言之父"。从收集到的所有资料整体来看，他对于马拉松战役的描述是精准无误的。不过，希罗多德本人也承认，他将主要笔墨放在了叙述希腊人的"伟大"功绩（而不是记录所有相关细节）上。他的记载只有寥寥数段文字，重在回顾战争的高潮阶段，这也导致古代历史学家像家庭小作坊主生产千奇百怪的商品那样，争先恐后地发表自己对希罗多德所述内容的所谓独到见解。

若将希罗多德的作品看作带有一定偏见的新闻进行研究，结论会比较可靠，可惜太多古典学者都视其为历史书籍。这些人都忘记了一个重要的事实：希罗多德是以向希腊听众诵读作品谋生，听众就是他的衣食父母，他必须取悦这些人，所以希罗多德鲜少诵读会激怒希腊听众的真相。希罗多德很像是优秀的新闻工作者，十分珍视他的信息来源。那些对他友善的人，就会得到溢美之词；那些躲避他的人则会发现，自家先人在历史上的地位遭到狠狠践踏。希罗多德有时也会捏造对话，为故事增加真实性和吸引力。此外，那些将研究希罗多德作为毕生事业的人多是伟大的古典学者，他们中很少有人参加过战争，鲜有人对军事史有着浓厚的兴趣或相当的了解。因此，多年来他们发表了大量质疑战争本质和特性的观点，尤其是针对马拉松战役。

对于所有历史学家来说，资料来源就是一切，而希罗多德的作品是有关希波战争最重要的史料。从古至今，人们就希罗多德的可信度撰写了大量论述和书籍，最早的便是普鲁塔克的《论希罗多德的险恶》。历史学家在评判希罗多德的可信度时，遇到的最大难题便是同时期其他史料严重匮乏，无法拿来与希罗多德的作品进行比对。毫无疑问的是，希罗多德有时会口出荒诞之言，对于这些话自然不能认真看待。不过，这位伟大的历史学家在书中对希波战争的主要阶段，尤其是那些导致马拉松战役爆发的历史事件的记叙是十分可信的。从这一时期的现存证据来看，希罗多德的描述与真相是吻合的。波斯的贝希斯敦铭文以及《巴比伦编年史》都佐证了他对波斯历史事件记载的准确性。新的考古发现也证实，希罗多德所撰史书中的主要内容是精准的。

引 言

简而言之，历史学家在研究希罗多德的作品时需要谨慎，在看待其他唯一来源时也应该如此，也需要尊重"历史之父"对于一些特定历史事件的记载和评论。但很多历史学家不会听从这样的劝告。他们在寻找希罗多德史书之外的其他资料时，得到大多都是马拉松战役发生百年之后，为波斯帝国效力的希腊人克特西亚斯的记叙。19世纪的许多著名古典历史学家极为看重克特西亚斯的版本。然而，通过对与他同时代的波斯资料进行解读，不难发现他是一个极不可靠的叙述者。即便如此，依然有众多历史学家不加批判地引用他的记载。A. R. 伯恩斯这样说过："在有关波斯战争的现代作品中，克特西亚斯的名字仍然经常出现在脚注中，这令人感到十分痛心。"对此，我也必须承认错误。我在这本书中也引用了克特西亚斯的作品，不过我是本着极尽谨慎的态度，引用了少量内容。

很多次要资料来源也能为马拉松战役提供补充信息，不过对于它们的使用也得小心谨慎。比如说，公元1世纪的罗马编年史家康涅利乌斯·尼波斯，他可能有机会读到过年代更为久远的古希腊历史学家埃弗罗斯的作品。他去世1000年后，拜占庭帝国学者编纂的《苏达辞书》复述了他的记叙，证明波斯马匹确实抵达了马拉松，战争爆发时它们正在远处吃草。几代史学家都曾引用过他的论述。不过，尼波斯的故事写于战役发生500年后，复述该故事的《苏达辞书》距离原作者的时间间隔还远远大于我们同拜占庭帝国的时间间隔，对于它的真实性恐怕也需要持一定的怀疑态度。

普鲁塔克也是一样。他撰写了两位参加马拉松战役的雅典将军阿里斯提得斯及地米斯托克利的传记，这些传记同样著于马拉松战役的数百年后。他与同时代的另一位历史学家西西里的狄奥多罗斯一样，其作品都受到克特西亚斯的不准确资料的影响。对于希罗多德未曾提及的事件，历史学家们还是要从这些资料中梳理出有用的信息，因为他们创作时用到的一些资源早已遗失于历史长河，导致当代历史学家无处可寻。

古典学者的伟大著作已经奠定了良好的基础，但要想准确重现一场历史学家们无从知晓细节的战役，需要对军事史、战争本质以及近身搏斗的残酷性有着深入了解。此外，深入了解波斯和希腊军事体系发展，以及对双方发动战争有着深刻影响的国力等各方面因素，都是至关重要的。唯有将马拉松战役置于当时的历史和制度背景下，才能理解为何这场战争会取得这样的结果。

在大约两个世纪的时间里，历史学家们对于一群匆忙拼凑起来的乡巴佬击败身经百战的波斯大军深感不解，他们中的很多人将悬殊的伤亡结果——波斯6400人，雅典不足200人——列为历史不解之谜之一。事实上，真正令人惊叹的不是希腊人获胜，而是波斯军居然有人能够活着离开马拉松平原。

这里必须要讨论一个军事史学家们至今仍在激烈争论的问题：是否存在一种确切的并且优于其他文化的西方战争方式？拉开这场争辩的美国当代军事史学家维克托·戴维斯·汉森

引　言

（1953—）认为，马拉松战役第一次向世人表明，东西方的战争方式有着明显差异。汉森教授（至少在这个主题上他很有发言权）已经放弃同各位知识分子继续争论下去，但很多历史学家开始强烈质疑，称"西方战争方式"根本就不存在，它优于其他战争方式的说法也就无从谈起。本书十分明确地指出，他们错了，并将继续汉森教授已经放弃的争辩。我也无法认同汉森教授书中的某些内容，但对于他的核心观点是完全赞同的。

撰写本书就是一个不断发现的过程。我真诚地希望本书对于学术研究和亲身经历经验的融合能够激发新一轮关于马拉松战役，乃至整个古代军事史的辩论。书中没有对希波战争盖棺论定，我很可能永远都不会对它下任何定论。或许未来会有重大发现，让我们重新审视现在的证据，但在此之前，历史学家只能使用现有的有限资源。我认为，研究马拉松战役的同仁们遇到的共同问题在于，几代历史学家都在错误地使用或解读证据，战役的真相已经不得而知了，我在书中所呈现的也只是我自己对于证据的解读。我真心期待它将会激起广泛的严肃辩论，我也很乐意加入这些辩论之中。

前　言
决战时刻

公元前 6 世纪初，波斯是无可争议的世界霸主。在 50 多年的时间里，波斯战士都是战无不胜的。那个时候，没有一个城市能够抵挡得住波斯围攻，世界上已知所有强大文明在企图阻止波斯势不可当的征战过程中，都以覆灭而告终。波斯皇帝依靠所向披靡的军队，建立了一个全球性帝国，其疆域从地中海一直延伸至印度河。帝国在兴起的过程中，摧毁了几十个小型王国，吸纳了百余个种族的人民。

公元前 490 年，波斯皇帝大流士看向西方，两座希腊城邦映入眼帘，它们都曾令波斯蒙受耻辱。小小斯巴达居然派遣使者来到波斯首都，警告"大帝"要停止攻击亚洲的希腊城邦；更让人

前言 决战时刻

无法接受的是，胆大包天的雅典出动军队，踏入波斯境内，焚毁波斯的萨第斯城，随后还安然回国。大流士皇帝断然无法忍受此种奇耻大辱，遂派遣使者前去雅典和斯巴达，要其献上土和水，臣服于波斯统治。斯巴达人将皇帝的使者扔入水井，让他们自己寻找土地和水，而雅典人则直接处决了波斯使者。

怒气填膺的大流士命令军队出发，摧毁雅典，并将幸存者收为奴隶，但帝国内的激烈矛盾迫使他延迟了复仇计划。雅典一把大火将萨第斯城夷为平地 8 年之后，令人闻风丧胆的波斯军队抵达希腊，在距离雅典城 20 多英里的马拉松平原集结全部力量，准备发动入侵战争。在 9 天的时间里，1 万雅典重装步兵静静注视着为战斗做着准备的波斯军队，不禁心生担忧，他们怎样才能抵挡人数 3 倍于己方的职业军队呢？有人祈求众神庇佑，有人希望波斯人能够再等待一两天。马拉松平原上的每位雅典士兵都知道，世界上最优秀的战士斯巴达人正在全速行进，前来援助。

公元前 490 年 9 月 12 日，等待结束。波斯人开始移动，命悬一线的雅典人不能再等下去了。不论有无斯巴达人，雅典指挥官们都要为进攻做好准备。拂晓之前，1 万重装步兵按照阵形列队，等待前进的号角响起。方阵侧翼排成 8 列，中心为 4 列，士兵们举着长矛，扛起盾牌，步履坚定地朝敌军缓慢行进。起初，波斯人不敢相信眼前的景象，雅典人居然想以如此小型的队伍击破波斯阵线。有人以为雅典人不过是在虚张声势，即刻便会撤退，有人则感觉希腊人怕是失去理智了。

文明的冲突
THE FIRST CLASH

雅典重装步兵开始加速,从快走转为小跑,彼此紧挨,肩并肩,盾牌抵盾牌,每个人都在尽力将身体右侧置于身旁战士的盾牌保护之下。军队开始行进,士兵心中的恐惧开始消散,因过度紧张而大小便失禁的士兵从身边猛冲向前的战友身上汲取了巨大的力量。从距离波斯军队600码[1]的地方开始,重装步兵们发出震耳欲聋的喊声:阿来!!!

波斯指挥官迅速开始排兵布阵。手持柳条盾的战士立于前线,数千弓箭手列阵于其身后。波斯军队毫无恐慌之感。他们是职业士兵,在数百次的浴血奋战中始终立于不败之地。不一会儿,弓箭手就要发射出上万支弓箭,从天空飞落地面,对雅典军队施以重创。紧接着,长矛兵将会对残余军队展开大屠杀。

然而,波斯人从未见识过这样的军队。雅典重装步兵在与其他重装步兵的战斗中掌握了高超的作战技巧,他们的战争方式绝不惧怕箭雨袭击。身着重甲的士兵举起木盾牌和铁尖长矛,开始战斗。几近疯狂的战士们猛刺、踢踹敌人,无所不用其极,直到一方忍受不了剧痛而放弃战斗。溃败的敌人后退逃亡,杀戮欲驱使胜者一路紧追不舍,直至结果对方性命。

波斯人遇到的就是这样的战争方式。从距离200码开始,雅典重装步兵由小跑升级为全速冲刺,速度之快完全超乎波斯人的想象。最后,波斯弓箭手射出箭矢,却无任何用处。他们从未见

---

[1] 长度单位,1码=0.9144米。——编者注

过如此快速的进攻，大多箭矢都错过目标，从冲锋前进的重装步兵头上飞过。弓箭手急忙重新搭弓射箭，可波斯执盾手眼见1万身披重甲的杀手向自己冲来，开始不受控制地缓缓倒退。

重装步兵冲入轻装波斯士兵中间，瞬间撼动波斯防线，波斯人不由得全身战栗。然后，杀戮开始了。

第一部分
战争造就的帝国

第一章
帝国崛起

公元前547年这一年，吕底亚王国的克罗伊斯王必定是心满意足的。在吕底亚的西方，爱琴海海岸线的爱奥尼亚地区①分布着众多希腊城邦，漫长而惨烈的战争在那里终于画上了句号。不久前，吕底亚以其强大的军事力量，狠狠地给了不断滋事挑衅的希腊人一个教训，自此希腊人每年都得毕恭毕敬地来王国进贡。北方百年来遭受过无数次斯基泰人的暴力突袭，这些斯基泰人擅长骑马作战，向来令吕底亚人头疼，但几十年前，国王的父亲阿

---

① 爱奥尼亚：一译伊奥尼亚（Ionia），爱琴海东岸的古希腊爱奥尼亚人定居地。重要的城邦有以弗所、米利都、伊兹密尔等，还包括希俄斯岛和萨摩斯岛。——编者注

吕亚泰斯二世彻底挫伤了被斯基泰人赶走西迁的辛梅里亚人的元气，他们从此也不敢再轻举妄动。南方，强盛的新巴比伦王国向来与吕底亚交好，而占据吕底亚和巴比伦东边土地的米底王国一向令巴比伦极为不安，在解决这个麻烦之前，巴比伦断然不会放弃同吕底亚的稳固联盟。

辛梅里亚人遭遇溃败，令人畏惧的亚述帝国在公元前613年被米底和巴比伦联手灭亡，自此米底成为吕底亚的最大威胁。阿吕亚泰斯二世统治期间，吕底亚为阻止米底王国扩张，与其进行了长达五年的浴血苦战。希罗多德记载道，双方正在激战之时，日食突然出现，黑暗笼罩了整个世界。惊恐的士兵四散逃命，战争就此结束。事实上，不管日食是否会真的带来厄运，两国在战争中都消耗了大量财力及人力，他们心甘情愿让巴比伦进行仲裁，宣布战争结束。

《日食和平条约》的有效期持续了一代人的时间。那时，吕底亚作为小亚细亚第一个创造出标准化货币的国家，从中获益丰厚。即便到了现在，克罗伊斯这几个字也依然带有万贯财富的含义。米底虽没有像吕底亚那样堆金叠玉，国力却得到大幅提升，进入军事力量的巅峰时期。近些年，米底人与波斯人的残酷内战持续升级，克罗伊斯更有心满意足的理由了。然而，公元前547年，内战结束，新登基的波斯—米底皇帝居鲁士不断加强自己的统治，事态转变对克罗伊斯而言极为不利。米底同波斯强强联合，会对他造成致命威胁，年轻气盛的居鲁士也一直在蠢蠢欲动，试图扩张疆土。克罗伊斯决定在居鲁士稳住政权之前先发制人，主动发起战争，以防波斯入侵吕底亚。首先，他要知道这场战争是否会得到诸神的庇护。

据希罗多德记载，在与波斯开战之前，克罗伊斯派遣使节前去各地验证能够预测未来的希腊神谕是否精准。对每个神谕进行测试之后，克罗伊斯认为德尔斐神谕最准确。他的使节带着丰厚的礼物，前去德尔斐的阿波罗神庙询问吕底亚与波斯对战的结果。德尔斐神谕表明，如果吕底亚与波斯交战，一个伟大的帝国将会毁灭，这个结果令他大为振奋。问题是，克罗伊斯当时没有仔细思量，走向灭亡的会是哪个帝国？他认为这条神谕最符合自己的心愿，命人向德尔斐送去更多礼物，并向其他几座神庙也献上金银珠宝，以求得到诸神的全力庇佑。

居鲁士的威胁尚处萌芽阶段之时，克罗伊斯就积极开展外交活动，为即将到来的大战寻求同盟，巴比伦、埃及以及斯巴达纷纷同意予以他支援。若他能有耐心等待这些国家的军队悉数聚集于吕底亚首都，波斯或许早已亡于襁褓之中。可是，克罗伊斯认为必须立即出兵，加之德尔斐神谕为他增添了不少信心，他决定全凭吕底亚的军队出攻。克罗伊斯此时不但得到了神谕"庇护"，更坐拥近东地区最为强大的军队，他的自信心空前高涨。军队由重装甲步兵（大多来自爱琴海一带的希腊城邦）和当地征兵组成，作战能力不容小觑，而吕底亚军队的中流砥柱则是精锐重骑兵，他们熟练地挥舞着长矛作战，威震四方。

文明的冲突
THE FIRST CLASH

吕底亚用丰厚礼物换得诸神保佑，遂向居鲁士皇帝发起进攻。公元前547年，吕底亚到达卡帕多西亚，这一地区自亚述灭亡后这里便由米底统治。越过哈里斯河——《日食和平条约》规定的米底和吕底亚边境——之后，克罗伊斯占领了曾被认为是金城汤池的匹特利亚城，毁坏周边地区，等待居鲁士对他的挑衅做出反应。他没有等太久。居鲁士显然提前就得知了吕底亚进攻的消息，确定敌人的攻击方位以后，便立刻部署行动。居鲁士从波斯新首都埃克巴坦那闪电出发，行军途中还在继续招募军队。约莫过了几周，他停下脚步，驻扎在吕底亚军队的攻击距离之内。希罗多德写道，当时的战况极为激烈，双方伤亡惨重。战斗结束，夜幕即将降临之际，依然没能分出胜负。克罗伊斯被居鲁士的迅猛回应打了个措手不及，他将自己未能取胜归咎于吕底亚在作战人数上的劣势。他决定退回首都萨第斯，等待盟国前来援助。

如果军队状态良好，他以匹特利亚作为基地，并设法到达黑海上的锡诺普，克罗伊斯就不用将军队搁置在卡帕多西亚过冬，被动等待援军到来。由此推论，他的军队虽未被彻底摧毁，但很有可能遭受到了重创。克罗伊斯之前将周边地区夷为平地，导致现在陷入孤立无援的境地，能够在卡帕多西亚驻留的时间大为缩短。即便是在最理想的情况下，军队也会在很快将所在地区的资源消耗殆尽。克罗伊斯未能从波斯人身上取得决定性胜利，他别无选择，唯有撤兵。按当时的形势，他要么退兵，要么忍受饥饿

第一部分 战争造就的帝国

的煎熬。更糟糕的是,他未能在萨第斯储备足够食物,支撑军队度过寒冬。抵达首都后,他不得不解散军队,命令士兵们等到春天时分再度集结,只留下了精锐骑兵。与此同时,他向埃及、巴比伦和斯巴达派遣使节,请求这三方在三个月后派军队前来援助,以合力击溃居鲁士。

居鲁士的处境也不甚理想。克罗伊斯之前被迫撤出卡帕多西亚,现在他也陷入同样的困境:一个被夷为平地的地区没有物资可供军队度过冬季。面对如此情形,若参考前人经验,他应当撤回埃克巴坦那,休整军队,为次年的战争做好准备。可居鲁士明白,等到春天时,他的敌人必定已聚集起规模巨大的军队,现在选择保守策略无异于坐等灭亡。于是,他集结起一众将士,采取史无前例的冬日追踪战,一路跟随克罗伊斯的军队,深入吕底亚境内。

眼见敌人采取如此大胆的战略,克罗伊斯不得不重新权衡决策。军队大多已返回家园,盟国援军数月过后方才抵达。不过,萨第斯在世人眼里依然是固若金汤的。吕底亚的大臣们认为,他们应该在城内坚守,等待波斯军队丧命于冬季的严寒,或坚持至盟国前来援救。然而,克罗伊斯最后决定,率领兵力大为削弱的军队主动迎战。历史学家对他不明智的选择给出了颇多批评,但从当时的形势来看,这或许是最佳的决定。萨第斯地区虽未像卡帕多西亚那样遭受重创,但也没有储存足够的食物。吕底亚军队起初在这里集结,进军卡帕多西亚之前就消耗了城内大量食物储备。士兵们出发之时,尽可能将其余食物都装上马骡和马车。因此,初冬时节城里的食物储备微乎其微,甚至可能根本没有。克罗伊斯可以预想到,持续多月的围城势必引起饥荒。他事先未在城内进行储备,食物很有可能储存在乡村,必定要白白送到居鲁士手中。只要居鲁士狠心让村民挨饿(可以说他肯定狠得下心),那么他的食物状况就要比被困于城内的克罗伊斯好得多。克罗伊斯除了军队之外,还得照顾自己的臣民,加之军队指挥官们好夸大自己的困难,低估敌人的困境,克罗伊斯别无他选,只得赌上全部家当,投入最后一次战役。倘若不幸落败,他还可以撤兵,退守萨第斯城内。

克罗伊斯已将大批士兵遣散回家,不过此时他还坐拥威震四方的吕底亚骑兵,萨第斯前方的平原又是出兵作战的绝佳地形。居鲁士必须深思熟虑,想想如何同面前这个危险的敌人交战。居鲁士最为信任的将军哈尔帕格建议他卸下骆驼上的行李,将骆驼遣送至军队前线供骑兵骑乘。吕底亚人从未在战争中使用过骆驼,居鲁士希冀吕底亚骑兵部队的马匹会被这些未曾谋面的陌生动物及其身上的刺鼻味道吓得落荒而逃。

事态发展与居鲁士的预料如出一辙。吕底亚马匹失去控制,骑兵们无奈下马,如步兵一般作战,以自己的肉身抵挡波斯大军。于吕底亚而言,这是一场注定要失败的战役。没有灵活移动的马匹,失去层层盔甲的庇护,吕底亚骑兵成为波斯军队的核心队伍弓箭手的囊中之物。在弓箭手进行惨烈屠杀之后,居鲁

第一部分 战争造就的帝国

士派出波斯骑兵,直捣乱作一团的吕底亚部队。吕底亚士兵也进行了激烈反抗,可惜最终未能逃脱溃败的命运,幸存者急忙逃窜回城。

希罗多德说,波斯人紧接着开始围城,居鲁士对奋力攀上萨第斯城墙的英勇将士施以重奖。从这点可以推测,当时食物紧缺,冬季临近,如果居鲁士坚持围攻,等到巴比伦和埃及大军抵达萨第斯,他将会处于极为不利的境地。慎重考虑所有因素之后,居鲁士命令士兵们对城墙发起猛烈攻击。然而,这一策略并未成功。波斯人手中没有攻城装备,居鲁士别无他选,决定切断萨第斯的所有粮食供应,等待敌人弹尽粮绝,自动投降。

希罗多德讲述了一个非同寻常的故事:一位波斯士兵看到吕底亚人沿着陡峭的卫城爬下,试图找回从城墙上跌落的头盔,随后此人在波斯哨兵的注视下,沿着同样的道路返回。这一段城墙极为险峻,吕底亚人断定波斯人无法由此上城,防卫比较松懈。而就在刚才,一名吕底亚守卫亲自向波斯人展示了如何由此攀上去的,波斯人自然不会放过这一天赐佳地。第二天,一组精心挑选出的波斯士兵沿着同样的路线攀上城墙,这突如其来的进攻将吕底亚人打了个措手不及。黎明拂晓之时,卫城已落入波斯人之手,城门大开,迎接波斯大军入城。波斯人击破"固若金汤"的萨第斯,蜂拥而入,将其洗劫一空。

希罗多德的记载是否属实呢?考古学家发现一位 25 岁左右士兵的遗体残骸,死亡时间与这个可能真实的事件的发生时间几乎相同，他似乎是从萨第斯卫城上被扔了下来。法医考古学家发现，此人身体状况良好，第七根肋骨被刺穿，手臂有两处骨折，跟遭受突袭之人拼命抵挡刀剑攻击时会受到的伤害一致。他的手中握着一块石头——表明他很可能是投石兵——这应该是他在绝望之中的最后反击。在距离这位士兵几英尺[①]处，就是考古学家从萨第斯城挖掘出的唯一一个头盔，它可以追溯至居鲁士进攻的年代。那么，他会不会就是那位爬下悬崖，不经意间给波斯人指示占领城池路线的士兵？这头盔恰好属于那位士兵吗？真相我们永远也无法知晓，但历史学家们乐于以此作为证据，来填补我们对这段历史认识的匮乏。值得注意的是，考古挖掘中发现的其他证据与希罗多德的叙述是完全一致的。

关于克罗伊斯的命运，人们有着不同的传说。有人说，波斯大举入城之后，他不幸被杀，也有人说他得到波斯人的赦免，并被赋予尊贵的地位。后一种说法来自希罗多德，但巴比伦人的记载与此截然不同。在大多希腊传说中，太阳神阿波罗在最后一刻拯救了克罗伊斯。其实，无论真相如何，希腊人都会这样说。对他们而言，克罗伊斯必须存活下来，他们的宗教信仰不允许他们承认，甚至是去想象阿波罗会不管不顾克罗伊斯的生死，毕竟克罗伊斯得到德尔斐神谕之后，曾向阿波罗奉上丰厚的礼物，以求换得战争胜利。伟大的神不能既不让他取胜，也不拯救他的

---

① 长度单位，1 英尺 = 0.3048 米。——编者注

第一部分 战争造就的帝国

性命。在这种情况下，历史学家只好说克罗伊斯下落不明，并倾向于他还存活的观点，因为居鲁士在征战胜利之后大都会留对方首领一条活路。我们可以确定的是，一位新崛起的波斯皇帝摧毁了曾经强盛无比的吕底亚王国，将其首都萨第斯纳入波斯帝国版图，作为行省级城市。几十年后，一小队雅典士兵匆忙逃回希腊之前，一把大火将萨第斯夷为平地。雅典人此举彻底惹怒了波斯，为马拉松战役埋下了伏笔。

居鲁士，这个一夜之间跃入历史画卷的人是谁？他取得了一系列征战的胜利，为自己赢得"大帝"的称号。他建立的波斯帝国是罗马帝国之前世界上最大的帝国之一。居鲁士的故事从多年前《日食和平条约》签订不久之后开始。当时，米底王国正将注意力转向寻求国内各个游牧民族的忠心支持（如若未果，便大力镇压）。

公元前585年，阿斯提阿格斯登上王位，米底那时已经发展成为一个由说伊朗语的部落组成的多语言帝国，波斯也隶属于这个庞大的帝国。这个时期，米底与吕底亚的边界相安无事，巴比伦人受到"米底长城"①的阻碍而不敢贸然进犯，阿斯提阿格斯得以集中力量稳固东部边界及整个王国。许多地区的部落放弃游牧生活，选择定居，开始推行新型的管理结构。众多部落，包括波斯的安桑部落，其首领逐渐发展成为统治着小片领地的国王。这

---

① 建于巴比伦古城以北，底格里斯河与幼发拉底河之间的距离显著短于其他河段的地方。——译者注

些国王都要按时向米底进贡，但与中世纪的男爵一样，他们手握重权，对自己的领地有完全的统治权，鲜受米底国王干涉。阿斯提阿格斯没能及时认识到，这些独立的权力集团会对自己的统治带来严重威胁。居鲁士是其中一个部落的国王，他早已摩拳擦掌准备发动战争了。

阿斯提阿格斯长久的统治即将结束之时，他遇到了第一次真正意义上的军事威胁，当时的居鲁士还只是帝国的一名普通贵族。他继承安桑国王之位后，首先全力巩固统治，让跃跃欲试、意图谋反的众多波斯部落服从他的管制。倘若居鲁士的野心仅限于此，阿斯提阿格斯便没什么可担心的了，就算所有波斯部落联合起来，也不是米底身经百战的职业军队的对手。然而，阿斯提阿格斯年事渐长，渐渐变得多疑，对身边的人也无法信任，引起许多米底贵族的不满，站在了反对他的立场。这些人本是他治军的得力助手，事已至此，一场内战是不可避免了，而此时的他不敢确定军队是否还完全忠诚于自己。

要了解这一时期的政治生态，我们只得从传说中寻找真相。希罗多德记载道，阿斯提阿格斯登上王位不久，曾梦见女儿曼达妮会毁灭他的统治。为预防这件事情的发生，他决定女儿成年之后，不能嫁给有权有势的米底贵族，以防他们积攒力量推翻自己的政权。因此，他将女儿许配给名不见经传的波斯贵族冈比西斯。冈比西斯向来以性情温和著名，不大可能被米底人选为国王。后来，他又做了一个梦，梦中曼达妮的丈夫并不是威胁所在，真正的危险人物是他的外孙。于是，曼达妮怀孕之后，他将女儿召至波斯宫廷，准备迎接梦中所示的外孙降生。阿斯提阿格斯担心小婴儿未来某天会取代自己的位置，便命令将他放逐至山上，让他在大自然中自生自灭。

谋杀婴儿的任务落在了哈尔帕格身上。他是阿斯提阿格斯的亲戚，也是他最为信任的将军和谋士。哈尔帕格心中清楚，这一任务使得自己陷入了极度危险的境地。若不服从阿斯提阿格斯的命令，他必死无疑。可是，年事已高的阿斯提阿格斯至今还没有男性子嗣，他死后曼达妮和丈夫必定会统治帝国，他们自然会为长子报仇雪恨。斟酌再三，哈尔帕格终于想出良策，将孩子交给国王的牧羊人去处置。幸运的是，牧羊人的妻子刚刚生出死胎，她说服丈夫将他们死去的孩子扔在山上，转而抚养国王的外孙居鲁士长大成人。

居鲁士10岁时，阿斯提阿格斯得知了真相，不过他的预言家和解梦师告诉他，居鲁士的威胁已经消失，于是他决定送孩子回到其位于波斯的父母身边。在此之前，他狠狠惩戒了未能完成杀害婴儿这一重任的哈尔帕格。国王假装自己很高兴外孙得救，让哈尔帕格回家，带着自己的小儿子前来与居鲁士玩耍。小男孩一来，阿斯提阿格斯就命人将他抓起来，杀死他，切断他的四肢。他让人烹煮了小男孩的部分身体，供晚上的宴会使用。得知面前的菜肴是用儿子尸体做成的，哈尔帕格压制住熊熊怒火，告诉国王，晚宴的菜肴十分可口，自己非常喜欢，更是大加感谢国

文明的冲突
THE FIRST CLASH

王一向的慷慨赏赐。

如前文所述,这故事只是传说,而叙事真实性向来受到质疑的克特西亚斯还曾给出完全不同的记载。希罗多德说过,关于居鲁士的童年生活就有不止一个版本,但他并未一一列举,我们只好从传说中寻求些许真相。巴比伦人传说,居鲁士是冈比西斯之子,也是安桑国王。希罗多德记载道,居鲁士身上至少有一半的米底血液,还是米底国王的直系后代。当时,各部落间贵族通婚现象十分普遍,由此可以说明为何米底人后来心甘情愿接受居鲁士的统治。听完以上耸人听闻的故事,我们可以看出,这位国王在羞辱贵族方面绝不手软。倘若他给哈尔帕格——他最亲密的朋友和谋士施加过如此或是其他侮辱(将军后来的行动表明他肯定有过此类行径),那就不难想象,其他米底贵族该如何担心自己在这个反复无常的君主手下的命运。

希罗多德进一步指出,哈尔帕格一直隐藏恨意,等待居鲁士成年,继承安桑王位之后,主动与他取得联系,引诱他举兵反叛。按照这种说法,哈尔帕格就是拥立国王之人,这恐怕是在夸大他的功绩。公元前559年,成为安桑国王的居鲁士正忙于跟当地波斯部落结盟,这些部落都坚决反抗阿斯提阿格斯的统治。公元前555年,部落联盟开始公开进行叛乱活动,阿斯提阿格斯此时才纡尊注意这位安桑的新国王,命他来到自己位于埃克巴坦那的宫殿。居鲁士回复道,他将率领一支队伍,在阿斯提阿格斯规定的时间之前到达。

第一部分 战争造就的帝国

阿斯提阿格斯大为震惊，立刻召集大军去南部镇压居鲁士。据希罗多德记载，众神迷惑了阿斯提阿格斯，令他派遣哈尔帕格率兵出征。即便希罗多德所述国王让哈尔帕格吃下儿子肉体的故事并不真实，但可以确定的是，哈尔帕格对国王早已心怀强烈不满。且不谈众神对阿斯提阿格斯施加的直接影响，后来的事态发展足以说明，阿斯提阿格斯赋予哈尔帕格指挥大军权力的举动实在称不上英明。哈尔帕格带领的米底大军与波斯人碰面时，大多士兵和将军一道，毫不犹豫地投入居鲁士麾下。

阿斯提阿格斯得知军队叛变后，立刻下令处死（刺死）解梦师，因为他们曾说留居鲁士一条活路并无危险。他再次征兵，亲自率领米底大军对抗居鲁士，不料其余米底贵族紧跟哈尔帕格的步伐，直接投靠波斯人，波斯再次不战而胜。阿斯提阿格斯被人用铁链拴住，送到居鲁士面前。居鲁士或许清楚，如果处死米底国王，米底贵族必定担心自己也会遭受同样的对待，便将阿斯提阿格斯囚禁起来。公元前553年，阿斯提阿格斯彻底从历史上消失了。

希罗多德的编年体史书从阿斯提阿格斯战败直接快进到波斯与吕底亚的战争，之后大多历史学家也是如此，没有人记叙这中间空缺的6年。历史上对这段时间的记载是一片空白，但猜测可知，无论米底贵族多么仇恨阿斯提阿格斯，他们中很多人对臣服于新崛起的波斯并没有那么欣喜若狂。而且，居鲁士的反叛只得到了部分部落的支持，他需要时间来说服或迫使这些部落成为盟友。米底帝国的北方和东方边境都开始出现骚动，显然草原游牧民族意欲趁米底动乱之机向南推进，期望不费力气地抢劫财物。出于所有这些原因，在他的统治早期，居鲁士必须大力巩固统治。

实现这一目标，不仅需要进行战争，还需要政治斡旋，居鲁士在第二个方面堪称天才。首先，他没有处死落入手中的外祖父阿斯提阿格斯。其次，他保留了大多数米底贵族在政府和军队中的显要位置。事实上，居鲁士的崛起与其说是因为征服米底王国，不如说是改变管理方式。米底与波斯之间亲密的血缘关系让一切都变得容易。希腊人难以区分两者，甚至会用"米底"（Mede）来指代米底人和波斯人。两个民族使用共同的法律，他们的先人之间有着千丝万缕的渊源，双方都为民族融合做出重要贡献。米底提供了组织完善的帝国、先进的治国之道，以及发达的军事机构——采纳亚述帝国高效的作战和围攻战略，波斯人则贡献了一个强大的领导，以及一批渴望沿袭美索不达米亚平原上定居民族优良传统的人，而这些东西只能通过战争和征服来获取。居鲁士击败克罗伊斯并摧毁吕底亚统治，才只是征服的开始。

第二章
看向西方

吕底亚分崩离析，这让逐渐壮大的波斯帝国首次与爱奥尼亚地区的希腊城邦有了接触。入侵吕底亚之前，居鲁士向各个城邦派遣信使，请求他们共同举兵反抗吕底亚统治，支持自己的大业。所有城邦中，唯独米利都认清形势，听从了他起兵反抗的提议。作为吕底亚王国的一部分，爱奥尼亚其他城邦从王国带来的贸易机会中获利不少，在实行开明商贸政策的克罗伊斯统治下日渐繁荣，既不愿冒失去贸易利益的风险，也确信强大的吕底亚军队必定能够击退入侵者。爱奥尼亚大部分城邦都以商业为重，最不愿看到的就是战争。

现在，吕底亚不复存在，王国财富统统落入居鲁士手中。奥斯尼亚城邦唯恐居鲁士将其中立解读为反动，快马加鞭派遣信使前往萨第斯，请求居鲁士以跟克罗伊斯统治时同样的条件，接受他们的臣服。居鲁士此时仍对他们怀恨在心，予以严厉拒绝。当代文献中虽未记载，但猜测来看，匹特利亚战役中希腊重装步兵曾给居鲁士留下深刻印象。或许他在想，同巴比伦开战之时，留这么一支强大的军队在后方实在不是明智之举。爱奥尼亚城邦得知居鲁士将要报仇雪恨，纷纷加强防御工事，准备迎战。他们派遣使节前去斯巴达寻求帮助，然而斯巴达人并不愿意让士兵去遥远的地方作战，拒绝了爱奥尼亚人的出兵请求，转而派遣使节与居鲁士会谈。

斯巴达使节抵达萨第斯，得到居鲁士的接见。据说，他劝诫波斯皇帝，不要攻击爱奥尼亚的任何希腊城邦，倘若居鲁士无视该警告，必定会引起斯巴达人的不悦。对此表示怀疑的居鲁士询问身旁的希腊籍波斯官员："斯巴达人是什么人？人数有多少？"得到答案的居鲁士以轻蔑的语调回复斯巴达使节道："我从不惧怕那些在城市中心举行集会、立下虚假誓言、彼此欺骗的人。"居鲁士接着说，在他有生之年，会让斯巴达人担心自己的安危，无暇多管爱奥尼亚的闲事。居鲁士对西方社会新兴的民主和以市场为导向的价值观不屑一顾，这是东西文化差异第一次出现在历史上，而这样的差异至今依然存在。居鲁士或许只是随口说说而已，但他的回答以及他的朝堂里有希腊谏臣这个事实，足以证明他想要尽可能多地了解希腊。他的话语也表明，至此他所了解的

第一部分 战争造就的帝国

希腊政治和社会并未给他留下深刻印象。事实上，他对于雅典和斯巴达的政治社会根本就是持蔑视的态度。来自欧洲的希腊首次尝试干涉亚洲事务，结果徒劳无功。

不管居鲁士打算如何处置爱奥尼亚城邦，他都没有立刻行动；事实刚好相反，他在萨第斯度过了几个月的时间，加强了对前吕底亚王国非爱奥尼亚地区的统治之后，带领大部队返回首都埃克巴坦那。希罗多德记载道，他返回东方的目标是要征服巴比伦、巴克特里亚、萨卡及埃及。不过，也有可能是新征服的米底尚有遗留问题，需要他亲自解决。

希罗多德的记载从居鲁士回到埃克巴坦那直接跳到他进攻巴比伦，同时期的历史资料也都忽略了这段空白。很遗憾我们没有保存下来的资料来证明居鲁士在这 7 年里到底做了什么，唯有历史学家的推断。击败克罗伊斯之后，"大帝"打算直接进攻爱奥尼亚城邦，既为征服也为惩罚。结果，他在未完全稳固吕底亚统治，众多希腊城邦还在进行公开进行反抗的情况下，带领大部队向东行进，说明他很有可能收到了东方动乱的消息。他离开之后，并未返回萨第斯亲自指挥军队镇压起义，进一步证明来自东方的威胁相当严峻，需要他全力化解。

居鲁士到底是前去阻止草原部落的入侵，还是进一步巩固米底统治，后人只能进行推断了。我们所知道的是，波斯帝国第三任君主大流士登上皇位之时，不由米底管控的东方大片区域都接受了波斯统治。大流士大概是在居鲁士去世 10 年后登上了皇位。

居鲁士的儿子和直接继承人冈比西斯二世,以及随后的大流士都不太可能有时间在东方采取军事行动,所以肯定是居鲁士征服了这些地区。

居鲁士忙于处理东方事务之时,他的将军马扎雷斯在击退萨第斯叛乱后,举兵南进,征服爱奥尼亚城邦。他将门德雷斯河周围的地区夷为废墟,随后占领普里耶涅城,迫使城内居民沦为波斯奴隶。

这场战役发生后不久,马扎雷斯去世,哈尔帕格成为波斯大军指挥官。他曾是阿斯提阿格斯任命的米底军队指挥官,精通围攻战术,而希腊人对围攻可谓一无所知。爱奥尼亚的希腊城邦未能携手作战,也不愿与波斯军队正面开战,而是藏在城墙之后,依靠舰队供应必需品,这实在是一个严重的错误。希腊重装步兵从未接受过围攻战训练,也缺乏相应设备,城墙对他们来说一直是道不可跨越的障碍。希腊人知道波斯没有海军,因此以为城墙是绝对安全的。然而,希腊人面对的是从围攻战大师亚述人身上学习了战略战术的将军和军队,等待希腊的必将是巨大的灾难。

希罗多德是这样记叙的:

> 哈尔帕格已被居鲁士任命为将军。他前往爱奥尼亚,修建土木工事,占领整座城池。无论任何时候,只要他成功迫使某座城池的人民将自己关进城墙之内,他随即就建起大量土木工事,发起围攻战。

第一部分　战争造就的帝国

哈尔帕格围攻的第一座城池为福西亚。城民们知道自己必败无疑，所有人都乘坐船舶逃之夭夭了，可惜最后并未能逃脱厄运。逃亡的城民们到达的第一个岛屿是希俄斯岛，但遭到驱逐。他们将下一个目的地定为科西嘉岛，打算在那里建设一座新城市。离开地中海东部之前，他们返回福西亚，屠杀了哈尔帕格留在这座空城的波斯驻军。为逃避波斯人的报复，他们向地中海西部驶去，结果又激怒了那一地区正在崛起的迦太基。迦太基即刻宣布开战，在科西嘉岛附近海域将他们击败。迦太基人把幸存的福西亚人带上岸，全部用乱石砸死。

提欧人也选择了逃离。除此之外的所有爱奥尼亚城邦或投降，或很快被哈尔帕格征服。希罗多德记载道：

> 所有留下来的爱奥尼亚人都决定，他们要正面对抗哈尔帕格。这些人为了国家英勇作战，最终却难逃失败和被征服的命运。他们依然住在自家城池，但要臣服于波斯的统治。

为了照顾希腊读者的情绪，希罗多德没有直接说，波斯军队刚一抵达，胆怯的爱奥尼亚人就选择了投降。从波斯征服的速度之快可以推断，爱奥尼亚没过多久便彻底沦陷了，看起来波斯并没有发动长时间的围攻战。希罗多德说，哈尔帕格将爱奥尼亚士兵编入波斯军队，继续向南方的卡里亚和利西亚挺进。由此可

文明的冲突
THE FIRST CLASH

见，爱奥尼亚与波斯之间的矛盾和仇恨并未持续太久。

卡里亚人比爱奥尼亚人好不了多少。希罗多德在记述中毫不掩饰对他们的鄙视：

> 卡里亚人并未做出反抗哈尔帕格的举动。他们跟亚洲那一地区的所有古希腊人一样，完全束手就擒，乖乖地向哈尔帕格投降。

现在，只剩利西亚让波斯尝尝两种文明开战的滋味如何了。福西亚人折返，杀戮波斯驻军的行径让波斯人提前感受到了希腊人的顽强，而利西亚人血战到底的决心令波斯人清醒，明白有些人绝不愿屈服于他们的统治。哈尔帕格带领多地将士组成的军队挺进利西亚，在桑索斯平原遭遇袭击。经历了极其漫长的对战后，利西亚人败下阵来，撤回城池之内。希罗多德写道：

> 利西亚人被困城内之后，立刻将所有妇女、儿童、财物及仆人集结起来，放火烧毁卫城，一切都化为灰烬。然后，男人们发下重誓，再次同哈尔帕格的大军对战。他们一直拼死战斗到生命的最后一刻。

卡努斯城沿袭利西亚的做法，只留给哈尔帕格一片位于亚洲南部的荒原（今土耳其西南部）。

第一部分 战争造就的帝国 ◆

希腊人与波斯人正面交锋的结果是,波斯成为胜者。在此次接触当中,波斯人学到了很多教训。首先,希腊城邦不可能放下彼此之间的恩怨,共同抵御外敌。波斯人发现,要打败希腊人,最好的办法就是逐个击破。其次,将强大的军队与部落联合起来,这一策略足以让大多数希腊城邦顺从地俯首称臣。希腊的重装步兵单独作战时都称得上骁勇善战,但爱奥尼亚的希腊士兵未曾接受过协同作战的训练。对于波斯人来说,后一个教训在之后的希腊大陆并不适用,因为那里的重装步兵一直在专门进行集体作战的练习。

在两代吕底亚君主的统治期间,爱奥尼亚城邦对军事的狂热和作战能力都大为减弱。爱奥尼亚各城邦的抵抗迅速而彻底地瓦解,这让好战的波斯人以为,希腊人在战争中根本不堪一击。几十年后,身经百战的斯巴达战士和雅典重装步兵才为希腊人挽回了颜面。

第三章
终成帝国

推翻吕底亚王国，征服爱奥尼亚城邦，东方边境取得暂时的安稳，居鲁士开始将全部注意力转向新巴比伦王国。其首都巴比伦城是美索不达米亚平原上最强大也最富有的城市，即便从居鲁士所处的时代算起，它也已经享有了长久而神秘的繁华，占据这座城市将会为帝国带来巨大收益。亚述帝国衰落之后，巴比伦的统治者尼布甲尼撒二世（约公元前605—公元前562年在位）及其继任者几乎从未停止过战争的步伐，渴望重塑甚至超越汉谟拉比时期伟大的古巴比伦王国。耶路撒冷就是在连绵不断的战争中被征服的，城内相当一部分犹太人被掳，经由船舶运往东方，这就是我们现在所说的"巴比伦亡囚"事件。

第一部分 战争造就的帝国

大规模转运被征服的人民,这是亚述人最热衷的战略,此举不但可以营造恐怖氛围,更能击垮新征服民众的民族意志。巴比伦显然是出于同样的目的,沿袭了之前统治者的政策。然而,这一策略对统治者来说并非良策,因为背井离乡的人们最容易心怀怨恨,居鲁士就很聪明地利用了这一点。

巴比伦国王那波尼德一边派出大军收回亚述统治时期丧失的土地,一边不忘对蠢蠢欲动的米底国保持警惕。为抵御米底的威胁,他们不遗余力修建了"米底城墙"。这道古代的"马其诺防线"从幼发拉底河一直延伸至底格里斯河,牢牢守卫着王国的北疆。这道墙给巴比伦国王那波尼德带来了虚假的安全感,竟然使他忽略了,一位充满野心的军事天才领导着米底与波斯的联合队伍,将要给巴比伦带来严重威胁。

居鲁士马不停蹄地巩固东方边疆之时,那波尼德还在远离巴比伦的泰马逍遥度日。那波尼德称,自己留在泰马是因为那里不但连接着最主要的阿拉伯贸易路线,而且是巴比伦的经济核心,但一个可靠的驻军指挥官和海关官员就足以承担管理这座城市的任务。实际上,那波尼德当时正忙于在哈兰修建一座宏伟的神庙,由他的母亲担任祭司。这座神庙供奉的是月神辛,那波尼德显然认为辛的地位远远高于巴比伦传统诸神,甚至是主神马杜克。那波尼德将曾经微不足道的小神辛当作巴比伦万神之首,大大激怒了巴比伦位高权重的祭司阶级,给他招致严重的政治危机。在这些神职人员看来,国王一直缺席盛大的马杜克新年庆典（阿基图），是对他们，更是对伟大之神的不敬。他们向来深信，只要国王参与庆典，就能够保证五谷丰登，国家繁荣，因此国王的缺席给巴比伦人民心中也留下浓重的阴影和深刻的怨恨。此外，商人阶级疲于缴纳各种苛捐杂税，用以维持连续不断的战争和修建哈兰神庙，他们的不满也越发强烈。巴比伦到处怨声载道。

居鲁士清楚知道巴比伦的诸多问题，并毫不犹豫地将之为己所用。历史上并未留下完整的证据，但从零零碎碎的片段中可以知道，他早在公元前541年就开始活跃在巴比伦的边界。从波斯的进攻过程中能够看出，他提前派人侦察巴比伦防守不力之处，会发动突袭以测试巴比伦的防守效率和军队的忠诚度。更有可能的是，居鲁士在发动全面战争的前一年，命人进行了大规模的宣传。每次袭击都进一步向边疆各省居民证明，那波尼德要么是无力，要么就是不愿去保护他们。与此同时，居鲁士的手下开始逐渐同巴比伦城内不满国王统治的人们接触。《以赛亚书》记录了这些行动的强大功效：

> 主告诉居鲁士说，我指定的帝王啊，我曾紧握你的右手，命所有人遵从你的统治。我将削弱诸王的力量：我要为你打开城市大门，让它永远为你敞开。我会走在你的前方，为你夷平山脉；我会击垮青铜大门，粉碎铁闩，赐予你隐藏在黑暗之中的财富……

第一部分　战争造就的帝国

《圣经·旧约》中 23 次提到了居鲁士，每一次对他都是大加赞扬。毫无疑问，居鲁士的宣传战在其他被转移过来的人口和心怀不满的国民中间都取得了巨大的成功。巴比伦北方军队指挥官和古提姆省总督戈布里亚斯（许多史书中也称他为乌格巴鲁）看清大势所趋，转而投入居鲁士麾下。

公元前 539 年，一切准备就绪，居鲁士挥兵南下。波斯人在欧匹伊斯城与戈布里亚斯的军队会合，大败巴比伦人。几乎是在转瞬之间，这一地区的人民纷纷起义，集体反抗巴比伦的统治。可他们行动过早，惨遭撤退途中的那波尼德大军屠杀。居鲁士在欧匹伊斯城渡过幼发拉底河，来到宏伟的米底长城以南地带，从两侧和后方越过该墙，结果就是米底长城没有起到任何防御作用。居鲁士毫不吝啬于给离开阿斯提阿格斯的哈尔帕格施展拳脚的机会，也同样重视戈布里亚斯。居鲁士将大军一分为二，自己指挥其中一支朝米底墙后方行进，乘胜追击那波尼德和残存的巴比伦军队。两周后，居鲁士的大军到达幼发拉底东岸的西帕城，该城敞开大门迎接他的到来。那波尼德没料到西帕城竟然拒绝让自己入城，此时他还没有做好迎战波斯人的准备，只得迅速逃回巴比伦。

奉命指挥另一支波斯军队的戈布里亚斯直往巴比伦而去。他早已在那波尼德之前抵达巴比伦，而巴比伦也是城门大开，热情欢迎波斯大军到来。他不费一兵一卒就占领了巴比伦。那波尼德从西帕返回巴比伦时，这座城市已经沦陷，他自己也被俘虏。关于他的结局，历史上并无记载。

居鲁士的精心准备没有白费：他只用一场战役就让整个新巴比伦王国臣服在他的脚下。他被看成解放者，所到之处均受到热烈欢迎。之后，他也不遗余力地兑现自己在战前许下的承诺，保证自己继续受到人们的爱戴。《那波尼德编年史》记载，戈布里亚斯一方面继续指挥手中军队，一方面在巴比伦神庙周围设立特别护卫队，以防这里遭到洗劫。戈布里亚斯到达巴比伦两周之后，居鲁士于 10 月 29 日抵达。据《巴比伦编年史》，他脚下的路上铺着绿色嫩枝，"城市获得了和平"。书中还写道："居鲁士向所有巴比伦人问好。他的总督戈布里亚斯在巴比伦各地设立了次一级的总督职位。"英明的居鲁士再次决定起用深受当地人民信任的人物，协助自己治理国家，度过关键的过渡期。这次他选择的是巴比伦人戈布里亚斯。戈布里亚斯不久之后便去世了，在那之前所有重要工作业已完成，居鲁士在巴比伦的统治也得以稳固。《那波尼德编年史》中记载道："巴比伦居民们如同等到监狱大门开放的囚犯一般欢欣鼓舞，处处受到压迫的人民重获自由。所有人都带着喜悦之情，瞻仰他们的新国王。"

居鲁士很快就将巴比伦最主要的神明马杜克重新尊为主神。他取缔上任国王的苛刻政策，平复了因为这些政策而产生的不满情绪。他最令人称赞的举动是释放了被囚禁在巴比伦的犹太人，命令叙利亚总督提供资金支持，助力重建耶路撒冷的神庙。目前

第一部分 战争造就的帝国 ◆

还没有找到证据,表明他为其他迁移人口颁布了同样的政策。居鲁士在巴比伦居住数月,以巩固自己的政权,随后回到首都埃克巴坦那。离开之前,他在石柱上刻下了这段话:

> 我是居鲁士,世界之王,伟大的大帝,正统的国王,巴比伦的国王,苏美尔和阿卡德的国王,整个世界的国王……我来自世袭王权的家族;我们的统治得到了诸神的赞同……世界上的所有国王,从海洋高处到低处的国王,坐在宫殿中的国王,生活在其他(地方)……西方所有居住在帐篷中的国王,都要向我奉上丰厚的贡品,臣服在我的脚下。居鲁士重建神殿和家园,为巴比伦送来和平。

此后直至公元前530年的8年时间里,历史上没有任何关于居鲁士的记载。不过,阿利安在《亚历山大远征记》(这本书写于600年后)中称,居鲁士试图征服印度河流域时,他的一支军队曾遭到重创。如果居鲁士真的入侵了印度,他首先必须征服犍陀罗(今喀布尔),而贝希斯敦铭文中写道,这一地区是大流士从之前的国王手中继承的辖地之一,这可以当成居鲁士曾经征战此地的证明。不过,居鲁士大帝在这段时间也有可能是在忙于稳固庞大帝国的统治。大流士登上皇位大概10年后命人撰写了贝希斯敦铭文,铭文以理所当然的语气记载道,20个广阔

文明的冲突
THE FIRST CLASH

的辖地早在大流士成为皇帝之前已经属于波斯。每一辖地都由总督（*khshathrapavan*，直译为"王国的守护者"）管理，隶属于一个极为复杂的管理体系。该体系的推行耗费了相当多的时间和人力。

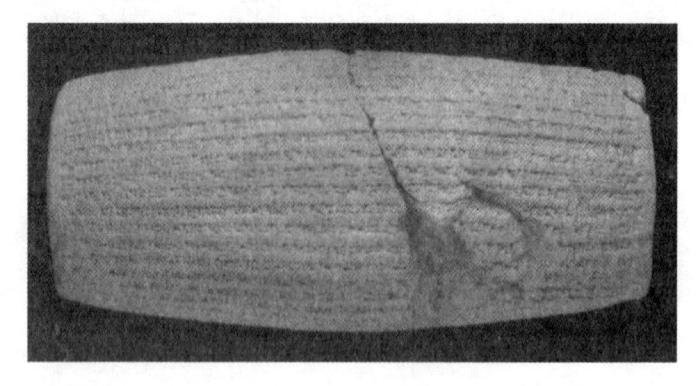

居鲁士征服巴比伦之后，命人在"居鲁士圆柱"刻下文字，谴责其末代国王那波尼德的不力统治，详述居鲁士对巴比伦主神马杜克的敬奉。简而言之，圆柱是居鲁士为波斯征服正名的绝佳宣传文书（今藏于大英博物馆）

居鲁士再次在历史记载中出现时，他正亲率大军在帝国南疆征战，或是主动攻击马萨格泰人，或是被动防御。马萨格泰人可能是一支斯基泰部落。希罗多德一如既往地以生动的笔触描述了这场战争，但他的故事难免掺杂了想象的成分。我们可以确定的是，居鲁士战败，不幸阵亡。希罗多德记载，马萨格泰女王托米丽司割下居鲁士的头颅，将其装进盛满血液的酒囊中，"一解他的嗜血之渴"。

波斯人想尽办法夺回居鲁士的身体，带着这位伟大征服者的遗体回到帕萨尔加德，将他跟自己的武器和珠宝一起封存在石棺内。他给儿子冈比西斯二世留下一个庞大的帝国，一个在被亚历山大大帝摧毁之前存续了200多年的帝国。

位于伊朗帕萨尔加德的居鲁士大帝之墓（艺术文献库/阿尔弗雷多·达格里·奥尔蒂）

第四章
大流士的崛起

居鲁士的长子冈比西斯二世至今依然是历史上最为神秘的人物之一。在希罗多德的笔下,他残暴无道,更是堪称疯癫。这位伟大的历史学家记载了冈比西斯二世的诸多罪恶行径。他曾杀死埃及人崇奉的神牛埃皮斯;踢死有孕在身的妻子;对埃及祭司施以鞭笞之刑,后将其残忍杀害。事实的真相或许并非这么简单。埃及学家已经证明,神牛埃皮斯的确死于冈比西斯二世征服埃及之后不久,但他们发现的一块石板上记载着为神牛举办的隆重葬礼。

希罗多德的记载不只是事实,更夹杂了某些人的偏见。他们出于自身利益考虑,必须将冈比西斯二世刻画为一个残暴无道的君主,因此在阅读众多讲述冈比西斯二世恶行的故事时,应当保

第一部分 战争造就的帝国

留自己的判断。大流士篡夺了冈比西斯二世的皇位,他自然不会大力颂扬前任帝王,而可能让官方记载中流露出他不配拥有皇位的意味。比如说,希罗多德的记载大多来自埃及祭司口述,冈比西斯二世去世半个世纪后他才跟这些人展开了交谈,说不定他们所讲的邪恶故事都是官方宣传的结果,根本无法证明冈比西斯二世亵渎神明或为人暴戾。祭司们很有可能因冈比西斯二世所付薪酬低于雅赫摩斯法老许诺的数字,而对冈比西斯二世心生怨恨。雅赫摩斯法老为赢得祭司的忠诚,向神庙捐献了丰厚的礼物。巴黎国家图书馆内的莎草纸表明,冈比西斯二世的确降低了祭司薪酬,习惯高收入的祭司们必然会有不满情绪。莎草纸上详细记载了冈比西斯二世下达命令,要求降低分配给神庙的税收(以实物形式缴纳)一事:

> 将人民上交给神庙的牛数量减半,并不再上交家禽。祭司们完全有能力自己饲养鹅类。

失去一半的收入,屈尊亲自饲养家禽,这些比希罗多德所陈述的任何事实都更有可能激起祭司们的仇恨。大流士篡权登上皇位之后,自然会不遗余力地诋毁前任冈比西斯二世的名誉,贝希斯敦铭文的可信度也就要大打折扣了。

且不谈冈比西斯二世的品性如何,有关他的成就和失败我们是有确凿证据的。他初为皇帝几年间的情况并无记载,但他大多时候很有可能是在帝国东北边界征战,波斯那时还需费力平定杀死居鲁士的马萨格泰人。与此同时,冈比西斯二世要竭力稳固居鲁士为帝国扩充的新疆域,如现在的阿富汗一带。居鲁士阵亡,在帝国内引起持续很长时间的内部骚乱,冈比西斯二世不得不将相当多的精力放在平息动乱上。苏格拉底的弟子色诺芬在半虚构传记《居鲁士的教育》中延续了自己准确记录史实的传统,书中写道,居鲁士死后,"他的儿子们立刻吵作一团,城市和国家纷纷发动叛乱,国内形势每况愈下"。贝希斯敦铭文的内容也予以佐证,冈比西斯二世统治帝国时面临着严峻挑战。大流士在铭文中记载道,冈比西斯二世开始征战埃及之前,秘密谋杀了自己的兄弟司美尔迪斯。东方局势安定,威胁皇位之人已除,帝国恢复稳定局面,冈比西斯二世终于可以着手完成居鲁士生前制订的大计划——入侵埃及。

当时,雅赫摩斯法老统治着埃及。他以武力夺取政权,登上王位,至今已统治了40余年。法老是一位久经沙场的将士,肯定早就对形势做出了客观的评估。只要波斯人没有舰队,加上严酷无情的西奈沙漠挡在埃及和波斯大军之间,他的统治就应该是安全的。然而,巴比伦沦陷之后,擅长航海的腓尼基人转而效忠居鲁士,将所有舰队都交由波斯管理。冈比西斯可以从腓尼基发动水陆进攻,或从陆地进攻,由海上舰队提供补给。为应对波斯大军,雅赫摩斯特别加强埃及舰队的建设,与地中海东部岛屿结为联盟。这些岛屿国家为了回报埃及的重金,同意派出舰队前往

第一部分 战争造就的帝国

埃及，帮助抵御强大的波斯。

然而，雅赫摩斯未曾料到，波斯大军刚一动身，这些盟国便纷纷倒戈。埃及的盟国在面对国力日趋强盛的波斯时，选择将自身利益放在首位，非但没有协助埃及，反而派出舰队帮助冈比西斯。这可从萨摩斯岛一窥整体情形。公元前525年，萨摩斯岛僭主波利克拉特斯与两个兄弟共同夺取政权之后，杀死其中一位，放逐另外一位，独揽统治大权。爱奥尼亚在被波斯征服之后商业复苏缓慢，萨摩斯岛抓住机会努力发展，成为爱琴海上贸易最为繁荣的国家。萨摩斯的财富不断增加，波利克拉特斯不断巩固都城和港口的防御工事，还建立了一支由100多艘船组成的舰队，其任务是进行国家支持的海上掠夺以及加强萨摩斯的贸易统治地位。根据希罗多德的记叙，波利克拉特斯在收取雅赫摩斯的重礼之后，同意与对方结盟，可波斯大军刚一踏上征途，波利克拉特斯就主动将舰队中的诸多船舶献给冈比西斯。波斯大军开始进攻埃及后，他又想出一个一石二鸟的计策：命人装备40艘船供作战使用，船上人员选择了他认为在未来可能对自己的统治带来麻烦的人。他向冈比西斯送出密信，说战争结束后萨摩斯船员不必回国，但希望自己的船舶能够被运回。

船上的萨摩斯人识破了他的计策，离开萨摩斯之后又折返回国。这些人不敌波利克拉特斯，遭到放逐，他们设法抵达斯巴达，请求斯巴达人帮助他们推翻波利克拉特斯。斯巴达人与战败方萨摩斯中的许多人有深厚的交情，只是他们一如既往地拒绝将大规模部队派遣至遥远的地方。斯巴达的盟友，同处于伯罗奔尼撒的科林斯，可能是因为与萨摩斯存在贸易冲突，乐于加入对萨摩斯的袭击，并说服斯巴达加入到战争中来。

这场远征遭遇了大惨败。四十天后，斯巴达人放弃围攻，驾驶舰队离开萨摩斯。希罗多德驳斥了这个对斯巴达人来说堪称奇耻大辱的传言：斯巴达人之所以撤兵，是因为波利克拉特斯贿赂了他们的指挥官。然而，希罗多德的消息是从斯巴达人的直系后代口中得到，所以他的驳斥也未必正确。波利克拉特斯的狂妄和萨摩斯日趋强大的国力最终令波斯人感到无法容忍。萨第斯总督奥利特斯诱使他访问大陆，然后将他俘虏并处死。希罗多德说，他所受的刑罚"太惨无人道，无法用笔触描述"。死后，波利克拉特斯还被钉在柱子上示众。

萨摩斯忙于处理国内问题，击退斯巴达进攻之际，冈比西斯继续为战事做着准备。这个过程中，从埃及出逃的一个人为他提供了有力帮助。此人名叫法涅斯，是雅赫摩斯法老的希腊雇佣兵指挥官，他与法老产生了不知何种分歧，不得已选择逃亡，但情急之下他被迫将两个儿子留了下来。法涅斯带来了雅赫摩斯军队和埃及防御计划的相关信息，这对冈比西斯来说是简直是无价之宝。法涅斯强烈建议冈比西斯与熟悉沙漠的纳巴泰人结盟，让其帮助军队穿过西奈沙漠。

冈比西斯显然继承了父亲求贤若渴的精神，父亲听从了哈尔帕格提出的对付吕底亚以及戈布里亚斯提出的对付巴比伦的建议，他对法涅斯的建议也未予怀疑或否定。经过协商安排，一支庞大的纳巴泰骆驼队在半途接应了波斯人，护送他们穿过沙漠。两周后，波斯军队到达位于尼罗河河口的埃及关口——贝鲁西亚。他们在那里得知雅赫摩斯已经去世，由他的儿子萨姆提克二世坐镇指挥希腊雇佣兵，守卫城池。雇佣兵看到波斯军队由法涅斯领导，知晓他已经投敌叛变，便将他的儿子们展示在他能看到的地方，残忍地处决了两人。他们割开法涅斯儿子的喉咙，把血盛在一个大碗里，掺入水和酒，每个雇佣兵都抿了一口。雇佣兵们做出如此残暴的举动，就是向波斯人宣布，即将到来的将是一场生死之战，不是你死，就是我亡。

关于这场战争，历史上唯有希罗多德的记载：

> 战况尤为激烈，双方伤亡惨重，最终波斯击溃埃及。

希罗多德还写道，战后40年他经过这个战场时，还能看到沙漠地面上散落着战士们的森森白骨。遭遇溃败的埃及雇佣兵一路撤退到孟菲斯，躲进城内。冈比西斯不想发动围攻战，派出一艘米蒂利尼人造的船，船上的波斯传令官向孟菲斯城内的雇佣兵提出了投降条款。然而，暴怒的雇佣兵"摧毁船只，将船员们碎尸万段"。短暂的围攻战之后，孟菲斯城投降，冈比西斯处死了2000名埃及贵族（每10人偿还船上1人性命），这些人中还包括新任法老的儿子。冈比西斯留了萨姆提克一条活路，后来波斯人发觉他的反叛意图，当即将他处死。

接下来的 3 年里，冈比西斯一直努力稳固波斯在埃及的统治，其间他还进行了两次远征。据希罗多德说，他第一次派遣 5 万人的大军前往锡瓦绿洲，可能是计划占领这一地区以备后用，或者彻底将它摧毁。据说，整支军队都丧生于一场突如其来的沙尘暴之中。历史学家没有找到其他信息来证实这件事情，因此对其真实性持怀疑态度。最近，搜寻石油的地质学家在锡瓦附近发现了疑似波斯军队遗骨的东西，有人猜测说这些有可能是冈比西斯痛失的那支大军的部分残骸。

第二次远征是入侵埃塞俄比亚，据说冈比西斯亲自率兵出征。希罗多德写道，波斯人出发前未能做好万全准备，导致大量士兵死于饥饿，这次远征也成为一场灾难。冈比西斯侵略埃及前曾做了精心准备，他如此轻率地对待第二次大型入侵实在不符常理。努比亚（埃塞俄比亚北部）在这个时期隶属波斯帝国，这让希罗多德所记载的波斯遭遇惨败并落荒而逃的故事显得不那么真实。

此外，波斯帝国的军队在这个时期似乎并未折损兵力，冈比西斯手下久经沙场的将士们后来还成为他的继任者大流士军队的中流砥柱。大流士依靠他们粉碎了登基次年国内爆发的多处叛乱。倘若波斯军队在草率发动的战争中损失惨重，帝国恐怕会在不到两年内灭亡，更遑论继续存在 200 年了。因此，最为符合情理的解释是，冈比西斯向锡瓦派出的军队远远不足 5 万人，他损

第一部分 战争造就的帝国

失的将士并没有那么多,而冈比西斯对埃塞俄比亚发动的强劲入侵也不是一无所获。他遭遇了激烈的抵抗,有可能遇到过供给不足的问题,因此止步努比亚,带领军队返回了孟菲斯。冈比西斯从埃塞俄比亚撤军的原因很有可能是他又收到帝国中心发生叛乱或动荡的消息,必须迅速返国。

真相无从考证,但我们可以确定的是,冈比西斯跟他的军队很快踏上了返回波斯的征程。他在途中得知,波斯爆发叛乱,一个米底人冒充他的兄弟司美尔迪斯,篡夺了皇位。希罗多德说,听到这个消息后不久,冈比西斯在上马时不慎被自己的剑割伤,伤口感染溃烂,很快便夺走了他的生命。他在死前恳切请求自己的贵族们,一定要阻止米底人夺走帝国的统治大权。

冒牌司美尔迪斯发动的这场叛乱是 200 年后亚历山大入侵波斯之前,帝国所面临的最严峻的危机,也是历史上遗留下来的最大谜团之一。关于这件事情,只有两处记载:一是贝希斯敦铭文,一是希罗多德的史书。两者的记载大体上是一致的。希罗多德的记叙依据的是大流士篡夺皇位后发布的官方版本的故事。从考古学家在帝国各处遗迹挖掘出的纸莎草碎片上可以看出,贝希斯敦铭文的撰写者大流士迫不及待地想要让整个帝国了解他所描述的故事版本。铭文和希罗多德都指控道,这个米底人在假冒司美尔迪斯,真正的司美尔迪斯早在这场叛乱发生前就被冈比西斯的刺客暗杀了。两者出现分歧的一点是,冈比西斯是在前往埃及之前(大流士的版本)还是到达埃及之后(希罗多德的版本)派人暗杀了自己的这位兄弟。

一派历史学家认为，冈比西斯根本没有杀害自己的兄弟，在冈比西斯离开波斯期间篡夺皇位的就是真正的司美尔迪斯。按照他们的版本，大流士在冈比西斯去世后开始控制军队，捏造假冒司美尔迪斯的故事来为自己篡权正名。冈比西斯没有残害手足的观点得到了不少赞同，因为这一版本解释了为什么有那么多人相信所谓的冒牌司美尔迪斯就是真正的司美尔迪斯，也解释了为什么要向波斯人和贵族隐瞒真正的司美尔迪斯被害的消息。

这个版本中，司美尔迪斯没有像一般对皇权造成威胁的人那样被处死，而是成了摄政王，但这个版本也不无争议，没有任何现存证据表明司美尔迪斯曾登上这个位置。如果有人认为大流士废黜的是真正的司美尔迪斯，那希罗多德必定会知晓。而且，倘若大流士向人民撒了谎，他也没有资格继承皇位，希罗多德的读者肯定对这样的故事更加喜闻乐见。因此，在没有找到任何反面证据的情形下，我们还是应该相信现存的证据。

冒牌司美尔迪斯很可能是在担任麻葛（古波斯的祭司）的兄弟帮助下，于公元前522年篡夺了皇位。冈比西斯出征前，将管理国家的重任交给了这位麻葛。两兄弟向厌恶战争的民众宣布，将要推行和平政策，此举在初期为他们赢得了一定支持。之后，他们又宣布向广大人民停收3年战时税，早已不堪忍受繁重苛税的人民喜出望外，他们借此又收买了不少人心。4月，巴比伦承认所谓的司美尔迪斯为皇帝，到了7月初，波斯帝国大部分地方

第一部分 战争造就的帝国

都承认他的国家统治者身份。但有迹象表明,波斯手握重权的贵族,甚至于部分米底贵族和麻葛都对他的政权日益不满。这些不满产生的原因我们尚不清楚,但可以略做推测。首先,贵族们必然不满祭司掠夺自己的权力。其次,司美尔迪斯登上皇位不久后就会发觉,没有持续的税收作为支撑,管理帝国根本无从谈起。他不能撤回向人民免除3年税收的承诺,只能通过一种途径获得可观的税收:强行向积金累玉的贵族和神庙征税。这种做法必然会得罪帝国里最为强大的一批国民。

帝国的显要权贵们纷纷开始反对司美尔迪斯及其兄弟,冈比西斯军队的领导者准备伺机而动。冈比西斯死后,7位波斯贵族联合起来掌控军队,策划推翻了假冒者。据希罗多德记载,波斯七贵族分别是:欧塔涅斯、戈布里亚斯、因塔福林、海达尔尼斯、麦加比苏、阿斯帕廷斯,以及最后加入的大流士。他们都是在帝国统领重要辖区的年轻人。拿大流士来说,他的父亲和祖父尚健在,两人都是坐拥强大地方军队的总督。大流士夺得皇位后,他经常寻求这些年轻的贵族和同谋者的帮助来管理帝国,这些人大都在大流士统治期间拥有强大的权力,只有一个人除外。在贝希斯敦铭文的最后,大流士逐一赞扬了每位追随者的功绩,并帮助他们的家族成为永远的望族。

7位贵族在形势不甚明朗,不确定能获得多少支持的时候,暂且选择按兵不动。假冒者的传令官前来命令军队背弃首领,转而投诚司美尔迪斯时,军队没有任何表示。当时,这支很可能主

文明的冲突
THE FIRST CLASH

要由波斯人组成的军队拒绝了假冒者的要求，选择继续服从大流士及其贵族朋友的指挥。出现这样的情况并不奇怪。那个时候的军队更愿意被称为某指挥官的手下，而不是所谓的中心国家的队伍。要是指挥官许以丰厚的报酬，军队就更愿意忠诚于指挥官，而这 7 位贵族必然已经给了承诺。士兵们很有可能是这样想的，3 年免税期过后，司美尔迪斯根本没有什么可赐予他们的了。

《那波尼德编年史》记载了新巴比伦王国末代国王那波尼德的生平，以及居鲁士的崛起和征服历程。它按时间顺序描述了公元前 6 世纪后半段的历史事件，对研究该时代的历史学家来说意义重大（今藏于大英博物馆）

第一部分　战争造就的帝国

7名密谋者等待时机的同时，波斯和米底贵族的不满情绪有增无减。司美尔迪斯的不安越发强烈，不久后他撤退至斯卡尧瓦提施的米底要塞，将自己与仍然支持他的民众隔离开来。大约就在这个时候，七贵族中的欧塔涅斯的父亲——普列克撒司佩斯，宣称他曾奉冈比西斯的命令，杀死了真正的司美尔迪斯。民众中早已开始流传司美尔迪斯是假冒者的传闻，普列克撒司佩斯的无情揭露更是火上浇油。司美尔迪斯迅速失去人民的支持，无法再给民众施加任何影响力，他选择了自我放逐。对于公元前6世纪的农民来说，国王不但是尘世的统治者，更是直接通向诸神的人，统治者也常以神自居，只有诸神选择出的国王才能代替人民向神祈祷，保佑他们五谷丰登。在那波尼德与居鲁士的战争中，巴比伦人背弃国王的一个主要原因就是他没有参加重要的宗教节庆，向诸神祈祷农民们获得大丰收。在人民看来，假若司美尔迪斯是一个假冒者，诸神将会拒绝接受他，庄稼也就不会有好的收成。

7位密谋者中有人对帝国形势的剧烈波动不无恐惧，但他们还是决定采取行动，未受任何阻拦就进入防守稳固的斯卡尧瓦提施。进入主厅后，他们遇到一队宦官，这些宦官要求7人说明来意。7位年轻贵族无意隐藏自己的动机，大吼一声，拔出武器，结束了一众宦官的性命。他们穿过后宫，来到皇帝寝宫，找到司美尔迪斯和他的兄弟。两人拼命想要保住性命，司美尔迪斯情急之下拔出弓箭，企图射击，无奈贵族们与他距离太近，弓箭根本无法发挥任何作用，于是他又退进一间黑暗的卧室。他的兄弟自卫时用长矛刺伤了阿斯帕廷斯的大腿和因塔福林的眼睛，即刻死在贵族们的屠刀之下。

大流士和戈布里亚斯跟随司美尔迪斯进入卧室，戈布里亚斯将假冒者按在地上，大流士起初站在一旁不为所动，直到戈布里亚斯喊他过来帮忙。大流士说担心会伤到朋友，因而不敢攻击。此时，大流士还在犹豫。戈布里亚斯大声呼唤大流士前来攻击，哪怕自己也死于他的刀下都无所谓。大流士在黑暗中用力刺出一刀，倒地而亡的只有司美尔迪斯，戈布里亚斯毫发无损。

后世该如何看待他们的这次行动呢？称之为叛乱并不恰当，因为7位密谋者试图去推翻的是一个业已失去民心的皇帝。可是，冈比西斯身后没有留下男性继承者，这7位也不是正统的皇权继承者。司美尔迪斯试图从新来的波斯人手中夺走至高权力，由米底人重新执掌王权。如此看来，大流士和他的同谋者领导的斗争旨在确保波斯人继续占据领导梯队的最高层。

7位贵族达成一致，推举大流士为皇帝。他加入同谋集团的时间最晚，却成了中坚人物，自然而然成为领袖。还有很重要的一点是，他跟居鲁士同属于阿契美尼德皇族。在其他波斯人眼里，居鲁士所属的支系是皇族新贵，而他所属家族的历史则要悠久得多。大流士的父亲或祖父此时尚还健在，他们与居鲁士的关系比大流士要亲近得多，但两人都未能获得皇冠，足以证明这实质上是一场军事政变，而且大流士的手段极其强硬。

假冒者被杀，波斯帝国迎来新一代的统治者。然而，叛乱的魔鬼还没有打算回到瓶中。

第五章
熊熊烈火的考验

  大流士虽登上了皇位,但他的帝国可谓风雨飘摇。帝国众多行省和附庸国习惯了事实上的独立状态,反对在他们看来正被大为削弱的中央集权。面对在位期间的最大危机,大流士以其冷静和精明的头脑,辅以残暴手段,逐渐进行化解,他绝不会因为胜算不高而退缩。幸运的是,他不是孤身作战。他拥有毋庸置疑的出众个人能力,但若没有忠诚的朋友和军队在背后全力支持,成功恐怕也难以企及。

  大流士的父亲希斯塔斯佩斯是帕提亚帝国(安息王朝)总督,牢牢掌控着东方;另外两位忠诚于他的阿拉霍西亚和巴克特里亚总督,则负责掌管帝国东南方。这三人不仅是能力超群的指

第一部分 战争造就的帝国

挥官和管理者,更绝对忠诚于大流士。他们在大流士登基次年时常要面对紧张的形势,但他们奋力拼斗,赢取战争胜利,牢牢守卫领土,让大流士能够将全部精力集中在应对帝国中心威胁较大的叛乱上。大流士召集曾出征埃及、身经百战的军队,对这支军队直接发布号令。大流士在贝希斯敦铭文中称,自己的军队人数很少,却未提及这支部队是帝国里最为训练有素,作战经验最为丰富的兵力。这支军队高度忠诚于大流士,坚定不移地站在大流士身后,拼尽全力助他应对危机。大流士另外还有一个极大的优势:他的敌人亟须联合作战,可此时从未有过先例。由于每个行省都各自为战,大流士才得以逐个击破。无论如何,大流士在这段时期经历了残酷的战争和巨大的危险,他在贝希斯敦铭文的最后如此描述当时危机之严重:

> 我登上皇位之后,一年之中就出战 19 次。在(智慧之神、天空之神)阿胡拉·马兹达的庇佑之下,我战胜了 9 名国王,他们纷纷沦为我的阶下囚。

大流士杀死冒牌司美尔迪斯的 4 天后,帝国内便出现了第一批叛乱者。巴比伦和苏锡安那是最早想要摆脱波斯统治的行省,苏锡安那甚至宣布独立,推举了新的国王。大流士只能派遣出一支小型部队前去镇压苏锡安那的叛乱,事实证明这就足够了。新上任的苏锡安那国王被五花大绑地带到大流士面前,被处以极刑。

文明的冲突
THE FIRST CLASH

与此相比，镇压巴比伦要困难得多。大流士提前做了两个月的准备，随后亲自率领大部队从米底出发，前去压制叛乱。巴比伦人宣布效忠一位当地贵族尼丁图·贝尔（后来的尼布甲尼撒三世），他自称是被废黜的那波尼德国王之子。得知大流士出发的消息，尼丁图·贝尔带领自己临时组建的军队往北行进，争先渡过底格里斯河。匆匆征召的士兵和身经百战的职业军队狭路相逢，结局不言而喻。用大流士的话来说，尼丁图·贝尔的军队被"彻底歼灭"。尼丁图·贝尔在幼发拉底河畔的城镇扎扎纳重整旗鼓，却再次在大流士作战经验丰富的部队面前遭遇溃败。波斯人将巴比伦军队步步逼退至河边，悉数歼灭。战争的幸运儿尼丁图·贝尔成功逃脱，往巴比伦方向逃去。大流士紧追其后，绝不给敌人留出躲进城池做好迎接围攻战的准备时间，因为他毫无展开围攻的打算。大流士刚一抵达巴比伦，便命令军队即刻攻占城市。他们毫不留情地屠杀了两支野战军，彻底击垮敌人士气，抓住并处决了尼丁图·贝尔，巴比伦不得不奉大流士为自己的君王。

大流士下令军队在巴比伦稍做休憩，又得知米底人开始发动叛乱。这些米底人认为，大流士必定会在巴比伦陷入漫长的围攻战。更为糟糕的是，帝国东部诸多行省纷纷开始公开反叛。

大流士深知米底是决定最终胜负的关键，所以他不能向东方部署兵力，好在关键几个行省的总督此时都坚决拥护大流士，不需大流士的协助，他们自己就能击退乃至击垮当地的反叛队伍。

第一部分　战争造就的帝国

大流士的老兵们奉命前往波斯中心进行镇压，在那里，又有一个反叛者自称为真正的司美尔迪斯，篡夺了波斯皇帝的宝座。大流士此时还未平息米底叛乱，但他必须首先将这个冒牌者从波斯帝王的位子上拉下来。大流士趁新司美尔迪斯派出大量兵力进攻东部一个行省之时，派遣小部分军队进入波斯。军队在拉哈击败一支叛军，及时与大流士会合，前往米底。新司美尔迪斯最后被一位忠诚于大流士的总督逼至走投无路，跟他的支持者们一道被处死。

那些忠诚于大流士的总督不但能守住自己的领土，还能帮助平复其他地方的叛乱，大流士得以重新将注意力放在米底叛乱上。这个时候，米底附近的亚美尼亚和帕提亚也加入了叛乱阵营。叛乱和内战伊始，大流士在巴比伦形势极为严峻的情况下，还在米底逗留了两月，以确保局势稳定，防止有人谋反，结果大流士的军队刚一进入巴比伦领土，米底人立刻就再次发动叛乱。米底贵族弗拉欧尔特斯，自称是阿斯提阿格斯父亲基亚克萨雷斯家族的后裔，并自称为把米底从亚述人手中解放出来的伟大国王。他向世人宣告，米底的统治者是自己而非篡权上位的大流士。大流士忙于平息巴比伦的动乱之时，弗拉欧尔特斯占领了米底旧都埃克巴坦那，米底人纷纷臣服于他的统治之下。这是大流士遭遇的最为危险的一场叛乱，因为他的"老兵"中有相当一部分是米底人。这些人在与其他敌人作战时绝对会忠诚于大流士，但面对米底同胞的话恐怕又是另一番景象了。

米底叛乱让大流士有些意外，但他毫不犹豫，迅速采取行动。平复巴比伦叛乱的同时，他派出一部分军队，想必是由波斯人组成，前去阻挡新组建的米底军队向南行进。这支队伍由波斯军官海达尔尼斯指挥，在公元前521年1月的马鲁什战役中与米底军队相遇，双方形成僵持之势。米底虽然缺乏战争经验，但有新兵不断加入，占据了数量优势。弗拉欧尔特斯此时似乎安于现状，无心继续推进，开始转攻为守。弗拉欧尔特斯必定是想到了大流士的父亲希斯塔斯佩斯，要知道，他在米底后方的帕提亚拥有一支战无不胜的军队。假如米底军队向南行进太远，希斯塔斯佩斯可以长驱直入米底腹地，甚至可能到达米底军队后方，那么他就会陷入大流士与其父军队的包围之中。问题是，在擅长作战、气势逼人的大流士面前选择按兵不动，恐怕并非上策。

大流士在巴比伦积极招募大量新兵，将相当一部分老兵派至亚美尼亚。假设他派去与希斯塔斯佩斯的米底部队作战的是波斯将士，那他部署至亚美尼亚军中的肯定大都是米底人。大流士在寄希望于士兵的忠诚之余，也赐予他们巴比伦黄金，并承诺平复亚美尼亚叛乱后，将分配给他们可观的战利品，以防这些人中途叛变。

镇压亚美尼亚叛乱的过程显得艰难而漫长。几个月内，大流士陆续派出了两支军队。第一支沿着底格里斯河进入亚美尼亚中心，在与匆忙征召的亚美尼亚军队对战时赢得了一场关键战役的胜利。然而，此时弗拉欧尔特斯的米底大军位于这支波斯军队的右翼，波斯人继续深入亚美尼亚的话，或许会遭到米底人重创。大流士亲自率兵进攻米底的同一时间，亚美尼亚入侵之战也重新打响。这一次，两支独立的军队沿底格里斯河和幼发拉底河平行前进，在雷电交加的一天，两军赢得四场关键战役的胜利，彻底粉碎了亚美尼亚的主要野战军力，亚美尼亚自此再也无法给波斯造成军事威胁。损失惨重的亚美尼亚人没有完全放弃，仅剩的一支军队坚持作战到了大流士几个月后亲自率兵进入这一地区。

公元前521年4月左右，大流士带领军队离开巴比伦，前去支援海达尔尼斯。海达尔尼斯还在仔细监察米底大军，与米底在马鲁什战役中形成僵持局面，但此时米底军队在持续发展壮大。大流士出发前向忠于他的总督下达命令，要求他们加大进攻叛军的力度，并与自己协同作战。大流士以其出色的统领能力，指挥几支分散在各地的野战军为了共同的目标协同作战，这在古代军事史中是极为罕见的。即便是在现代，要实现如此高度的协调也绝非易事。大流士在没有现代通信设备帮助的情况下就能取得这种成就，不愧为历史上最伟大的军事家之一，足以荣登"伟大指挥官"榜单。

公元前521年5月，全面进攻拉开序幕。5月8日，大流士的军队与米底队伍在康多尔村碰面。大流士的记叙中如此写道："然后，我们加入了战斗。阿胡拉·马兹达以神力助我；在阿胡拉·马兹达的庇佑之下，我的军队彻底击溃叛军。"为纪念这次非比寻常的胜利，大流士将贝希斯敦铭文刻在高耸于战场的崎岖不平的岩石上。战败的米底指挥官弗拉欧尔特斯在大流士骑兵的

文明的冲突
THE FIRST CLASH

穷追不舍之下，一路朝拉噶伊撤退。大流士抓获弗拉欧尔特斯之后，毫无保留地向从前的亚述国民展示了亚述国王一般的残暴。大流士不无骄傲地炫耀道：

> 我割下他的鼻子、耳朵和舌头，挖出一只眼睛，将他用铁链锁在宫殿入口，供所有人参观。然后，我把他钉死在埃克巴坦那；我将埃克巴坦那些对他最忠诚的跟随者们抽筋剥皮，给这些人的皮囊里塞满干草，悬于城墙之上。

战胜弗拉欧尔特斯之后，大流士派兵前去援助位于帕提亚的父亲，自己则率领大队人马往亚美尼亚。亚美尼亚人已经被大流士众将领折磨得士气大跌，听闻大流士即将到来，纷纷放下武器，宣布重新臣服于波斯。大流士确认这里只剩下最后的收尾工作，便带领大军返回帝国中心。他于公元前521年7月末抵达阿贝拉，命军队在此稍做休憩。信使传来消息，各地忠诚于他的总督在与叛军的战斗中都取得了胜利。然而，巴比伦不知为何无法接受大流士全面得胜的事实，再一次发起叛乱。一个名叫阿拉哈的亚美尼亚人领导了这场叛乱，他宣称自己是新尼布甲尼撒。结束帝国北部严酷的战争后，大流士还要处理繁多的事务，无法立刻起程前往巴比伦。于是，他派出因塔福林，他争夺皇位时的同谋者之一，前去镇压巴比伦叛乱。因塔福林率一支波斯军队南下，未经历多少抵抗就在公元前521年11月27日拿下巴比伦。大流士命人

第一部分 战争造就的帝国

切断阿尔哈及其主要跟随者的腿脚,最终处以刺刑。

主要的战争至此已全部结束。这一年可谓腥风血雨,不过到年末时,大流士成功守住了皇权。他在铭文中告诉后人,他参加了19场战役并推翻9位国王。然而,帝国内部的战火尚未全部熄灭。斯基泰人一直在寻找帝国软肋,以图伺机发动毁灭性袭击。大流士在主战场作战时,他们就总是从中滋事,支持大流士的敌人,现在更是蠢蠢欲动。大流士跟居鲁士的观点一致,绝不能让帝国北方落入游牧部落之手。一年的激战期间,帝国对这一地区的统治已经出现松动。因此,他带领老兵向南进入现在的土库曼斯坦,采用了一个十分新颖的战术:让大部队登上里海边停靠的船只,从斯基泰人后方发动水陆进攻。始料未及的斯基泰军队伤亡惨重,相当一部分人沦为波斯俘虏。波斯帝国历经百年,首次稳定北疆,将萨卡省纳入帝国版图。于是,萨卡骑兵,当时世界上最为精良的轻骑兵和重骑兵,都必须听从大流士的调遣。骑兵后来在马拉松战役中将发挥重要作用,只是他们的贡献大多数时候并未得到人们的重视。

大流士要坐稳皇帝之位,还需要解决一个问题。在大流士遭遇危机之时,控制着吕底亚和爱奥尼亚的总督奥洛提斯选择保持中立。实际上,他趁着动乱为自己扩张领土,处死了几位身居高位的波斯官员,甚至谋杀了大流士的一个私人信使。大流士在平叛时无暇顾及这样的小问题,取得全面胜利之后,他也不好直接攻击奥洛提斯。希罗多德称,奥洛提斯"政治和军事实力不容小觑，麾下有 1000 名波斯精英将士"。

大流士将速战速决的希望放在了这些波斯军队上。据希罗多德记载，大流士派出皇家信使，向奥洛提斯宣读几条公告。他命令信使秘密观察护卫们对每条公告的反应，以此判断他们是忠于奥洛提斯还是忠于自己。信使注意到，波斯士兵们对每一条皇室公告都怀着尊敬乃至敬畏的态度，便鼓足勇气宣读了倒数第二条公告："波斯人，大流士皇帝禁止你们继续护卫奥洛提斯。"护卫们刚一听完，立刻稍息，并放下长矛。护卫们的反应为信使壮了胆，他接着宣读最后一条公告："大流士皇帝命令你们杀死奥洛提斯。"

到公元前 518 年，大约是马拉松战役之前的 30 年，大流士成为波斯帝国无可争议的霸主。实际上，波斯仅仅是名义上的帝国，由众多惧怕波斯的国家拼凑而成。居鲁士开始了建设管理架构的工作，可直到去世都没能完成。他的儿子冈比西斯对管理兴趣寡然，更乐于扩充疆域，积极向世人证明自己是如同父亲那样值得敬佩的战士和征服者。因此，完成帝国巩固和管理的工作就都只能落在大流士的肩上。他彻底全面地完成了这项工作，让他的阿契美尼德一族统治波斯近 200 年，波斯人民在此期间享受了长久的和平盛世。

第六章
强盛的波斯

经过持续将近两年的内战,大流士深刻认识到,他的帝国并非牢不可破。为防止叛乱再起,他开始着手创建稳固的管理和财政体系,将七零八落的帝国铸造为不可分割的整体,在这个过程中他展现了非凡的才能。大流士善于指挥军队,在管理方面天赋异禀,实为罕见奇才。

大流士所有事务的重中之重便是巩固皇权世袭制。他虽是阿契美尼德皇族成员,但他所属的分支与居鲁士并不十分接近。如果严格遵守长子继承制,在父亲健在的情况下,大流士不能顺理成章继承皇位。对大流士忠贞不贰的军队在当下能够确保统治的稳固,但如果之后朝堂发生激烈争斗,情形就会大为不

文明的冲突
THE FIRST CLASH

同了。波斯国教琐罗亚斯德教鼓励多配偶制，甚至允许男性与姐妹通婚。大流士不但与所有姐妹结为夫妻，更在登上皇位第一年迎娶了居鲁士的两个女儿阿托撒和阿尔塔斯图娜。阿托撒为他诞下四子：

> 公元前520年生下薛西斯，下一任阿契美尼德王朝皇帝。
>
> 玛西司铁斯，薛西斯在马拉松战役十年后试图征服希腊，玛西司铁斯在这场失败的战役中担任高级指挥官，并担任巴克特里亚行省总督。
>
> 阿契美尼斯，埃及总督，公元前480年薛西斯征战希腊时负责指挥海军。公元前459年被埃及叛军杀死。
>
> 希斯塔斯佩斯，薛西斯入侵希腊期间担任巴克特里亚和萨卡精英部队的指挥官。

大流士还娶了帕尔米司、真正的司美尔迪斯（居鲁士的儿子，冈比西斯的兄弟）之女和欧塔涅斯之女为妻。他最后的这次婚姻帮助欧塔涅斯家族巩固了其接近政权中心的位置。欧塔涅斯是7名推翻假冒司美尔迪斯的贵族之一，起初被其他几位看好，可以成为皇帝人选，但欧塔涅斯自愿将这个机会让给大流士。作为登上皇位的回报，大流士宣称，欧塔涅斯及他的家族将不受任何人支配。因此，欧塔涅斯的家族只需在认为合理的情况下听从

第一部分 战争造就的帝国

皇帝的意愿，希罗多德撰写史书时他们依然享受这一特权。对大流士而言，让高贵的欧塔涅斯家族与阿契美尼德王朝保持尽可能亲密的联系，确保他们的忠诚和支持就显得尤为重要。大流士通过一系列的王室通婚来确保政权的正统性之后，便将注意力转向巩固整个帝国。

战事连绵不断，波斯已变得支离破碎，将总督辖地（行省）与中央政府连接起来的管理体系彻底崩溃。作为经济之本的交通路线遭到严重破坏，商人出行没有安全保障。帝国财政遭遇毁灭性打击，国库中没有现金储备来维持帝国的正常运转。更糟糕的地方是，大流士在打倒内部敌人的同时，也摧毁了作为叛军核心的行省军队。他手中只有一支规模算不上庞大的野战军，根本无法守卫这个疆域之广阔堪称史无前例的帝国。大流士的当务之急是重建边塞堡垒和行省军队，抵御边界入侵之敌。他需要大量现金来完成这一任务。

这些问题都十分紧迫，急需大流士全部处理。他从伟大的战士变身为古代最伟大的管理者之一。大流士完成所有工作之后，为帝国建立起一个根基稳固、延续200年的管理体系，在此期间该管理体系没有进行过实质性的改革。一些历史学家批判道，该体系随着时间推进变得僵化，无法适应不断变化的环境，但历史上所有其他伟大帝国的管理体系都无法与之相媲美。比如说，波斯不像亚述那样采取恐怖政策压制国民，也未曾在最高统治者去世后因内战而分崩离析（亚历山大大帝死后，他的帝国即刻开始分裂）。大流士建立的管理体系称不上完美，可是同其他古代帝国相比，这一体系为国家带来了持续的裨益。

在完成这项艰巨的工程期间，大流士抛下自己的战士身份，并要求波斯和米底国民跟随他的步伐。希罗多德在书中写道，人民对这一做法颇有不满之词：

> 波斯人说，大流士是零售商，冈比西斯是奴隶主，居鲁士是位父亲。大流士的行事风格好似店铺老板，善于经营内政，冈比西斯为人残暴且傲慢，居鲁士性格温和，总以让子民享有一切美好为己任。

大流士在波斯传统边界内的波斯波利斯修建了金碧辉煌的宫殿群，但这里并不适合作为帝国的政治权力中心。大流士后来决定定都于冈比西斯选中的苏萨。夏天，宫廷（推测还有帝国大多官员）搬迁至200英里以外的北方米底首都埃克巴坦那，那里气候较为凉爽，居鲁士在位时曾是帝国的行政中心。

苏萨可以说是最为理想的行政中心。它与帝国东西边界线之间的距离几乎相等，并位于南北轴线的中间。它夹在两条河流之间，脚下是肥沃的平原，并且是数条古代重要贸易线路的交会点。最重要的一点是，它处在传统波斯国土的边缘位置，是帝国强盛国力和军事精英的来源。

大流士重组行省，设立20个总督辖地，立即开始征税。据

第一部分　战争造就的帝国

希罗多德所说，大流士每年从帝国全境能获得14560塔兰特[①]的税收，此外他肯定还有其他收入来源（比如说，上述数字中就没有计算邻邦的朝贡和帝国的关税）。大流士统治期间，1塔兰特相当于一艘三层桨座战船上200名船员两个月的薪水，或3个工人20年的薪水。接受过职业训练的士兵薪水高于临时工，而士兵20年的薪水才为1塔兰特。如此算来，假设帝国没有其他开支（当然绝不可能没有），年收入足以支撑人数超过25万的全职专业军队。波斯战败于马拉松战役几十年后，伯罗奔尼撒战争之时，雅典国库中仅有6500银塔兰特，年收入为1000塔兰特左右（400来自国内，600来自其他成员国的朝贡）。由此可见，雅典在最为强盛的时候，年收入也仅占波斯帝国的十五分之一。需要注意的是，马拉松战役爆发之时的雅典并非帝国，也尚未开采劳里厄姆丰富的银矿，据估计雅典在马拉松战役前的年均收入不足250塔兰特，大概是波斯年收入的五十分之一，而且其中只有一小部分可用于战争。

波斯国内的财富大量向中央集中，但帝国人民并不是仅仅向国家中心缴税。中央税收收入一般不会返回行省，地方总督还得额外征税，用以支付日常生活、基础建设和防御开销等。许多行省的邻居都在虎视眈眈，他们必须建立起坚固的防御，因此这方面的开支相当庞大。人民要缴纳的税收还不止于此。除了总督之

[①] 古代西方重量单位，常用于称量金银，也会用于称量其他金属和象牙。古希腊时代的1塔兰特约合26千克。——编者注

外，次级总督和地方官员等也会向人民征税，用以维持奢靡的生活。犹大王国的次级总督每天要招待150个军官在他家吃饭。然而，这还没到最后。波斯每个层级的政府都会征收各种各样的税：数以万计的绵羊、驴、马，以及数以吨计的粮食、香料、黑檀木和象牙等。

所有这些给帝国经济施加了沉重的负担。如果政府设法花费这些税款，或使其得以流通，情况还会好一点。可惜，直到2000多年后，英国人才发现金钱流通对经济大有裨益，在遭遇紧急状况时可以通过收税和贷款获得充裕的资金。在此之前，每位贤明的统治者都会为国库储存尽可能多的金银财宝，以备战争或萧条时期使用。波斯人绝对堪称贮存金银的大师。据说，马其顿人占领波斯国库后，亚历山大掠走了约20万塔兰特的金银。对于一个征战伊始自家国库只有60塔兰特，并且亏欠别国500塔兰特的冒险者来说，这无疑是个天文数字。而在此前，大流士三世在对抗亚历山大的战争中已经花费了不少塔兰特，他在亚历山大抵达前还带了8000塔兰特匆匆逃亡。

大流士统治初期，课税繁重，人民自然心怀怨恨，冒牌司美尔迪斯所承诺的免去3年税收并未兑现，更是加剧了这种不满情绪。然而，历史资料从未记载过波斯人民因税收而闹事或叛乱。从某种程度来说，这是因为在近两年的战争后，大多人都非常清楚，大流士拥有一支坚不可摧的部队，在必要之时他会毫不犹豫地派出大军，残酷镇压反对力量。更重要的一个原因是，大流士

第一部分　战争造就的帝国

在统治初期并未将税收全部囤积起来。他清楚帝国各处遭到严重破坏，需要花费巨额金钱进行修缮，大规模的重建工程让波斯被战争摧毁的经济开始复原。

大流士重建国家的首项议程就是命人修建御道，连通帝国各处。御道规模几乎可以与罗马帝国鼎盛时期的道路网络相媲美，两者功能也完全一致。居鲁士最先开始了这项庞大的建设项目，为减少工作量，他命令在现存古老商道的基础上修建新道路。但居鲁士只为此项目开了个头就去世了，尚有大量工作需要完成。冈比西斯没有将它继续下去，于是大流士承担了此重任。

希罗多德详尽清楚地描述了从萨第斯到苏萨的道路，这段工程只是波斯道路网络的一小部分，但也足以让人想象整个工程的浩大，以及它在团结帝国方面发挥的重要作用。希罗多德写道，步行走完整段道路（每天行走 17 英里）需要 90 天。每天走完一段路后，都能在政府修建的休息站住宿，这一设置得到古代历史学家的极高评价。沿路各处设立了众多卫兵哨所及收费站，一些战略位置（比如哈利斯河的渡口）都有波斯重兵把守。一些其他历史资料中提到，波斯御道的分支将苏萨与巴克特里亚、印度和米底首都埃克巴坦那连通起来。

对大流士而言，御道有两个最基本的作用。首先，它跟罗马道路系统一样，广泛分布于全国各地，方便波斯大军前往任何遭到威胁的边疆或敢于揭竿反叛的行省。其次，它缩短了帝国各地的通信时间，拓展了皇帝的管理范围。希罗多德在书中介绍过波

文明的冲突
THE FIRST CLASH

斯的驿马快信，中途站之间相距一天的骑行距离，信使每晚在这里将信件传递给下一个信使，下一信使更换马匹继续传递。希罗多德说："鹅毛大雪，倾盆大雨，炎炎烈日，昏暗夜色，都无法阻止信使沿着既定路线飞快完成任务。"利用这一邮政系统，大流士能在一周或更短时间内将信息传递给任何总督，在当时的技术手段下，能够实现如此高的速度实在令人惊叹。从帝国其他人利用御道传递信息开始，大流士便建立了一个报告体系。皇家视察员监控道路交通，阅读帝国内传递的每日信息，有专人定期向大流士汇报，详述国内每位重要人物（推断来看，不重要的人恐怕没有资格享受邮政服务）的通信内容。

希罗多德讲述了一些人为躲过视察员秘密传送消息而费尽心思的故事，不过故事的真实性值得怀疑。希斯提埃乌斯——本书随后讲述的历史中他将扮演重要角色，剃光一位忠诚奴隶的头发，在他光秃的头顶刺上发动爱奥尼亚起义的命令。等到头发长至足以掩盖命令的长度，奴隶便奉命上路送信。

为将波斯波利斯建设为美丽的新首都，大流士不惜投下重本。他在城市建造起宏伟的建筑，对其进行美化。他为帝国其他许多大型城市也修建了大型建筑，包括苏伊士运河的初期工程。政府的投资带动帝国摆脱经济停滞的困境，这堪称凯恩斯经济理论的一个早期例证。政府新推出的积极贸易制度进一步促进了经济发展。帝国进入和平时期，不断修建新道路，投资港口设施，商人们可以将货物运输至获取最大利益的地方。大流士大规模投资政府资金，从很大程度上为帝国"买"来了稳定。他使得帝国货币保持流通，不断从国库中抽取更多资金，让帝国每个地区享受到一段前所未有的繁荣时期。

但是，大流士是战斗民族的首领，素来以建设并守护通过武力得来的帝国而骄傲。大流士的统治权与他领导波斯人赢取更多辉煌的决心和能力直接相关，这一点他再清楚不过了。要想继续坐稳皇帝之位，他不能一直当"店铺老板"来守成经营，而应积极进取。内战使他充分认识到，波斯军队必须积极活跃于帝国边疆之外，否则就会给国内造成难以收拾的麻烦。大流士是位战士，他时刻能感到战马在呼唤他的驾驭，战争在等待他的加入。大流士确定自己的重组工作已让帝国得到基本的稳定，立刻命令驻扎在苏萨的军队准备开战，计划将达达尼尔以北地区纳入帝国版图。

此次征战中，大流士引发的一系列事件的影响力远远超出了战场，其中最为显著的就是，他，一位东方统治者，带领士兵前去远征世人称之为"西方"的地方。

大流士发动战争的举动对帝国造成了一个直接的负面影响：他统治前几年所推行的成效卓越的经济政策戛然而止。新战争需要新税收支持，于是，税收不再被用于基础设施，而是在战争中被挥霍或是贮存在国库。大量货币不再流通，首先减缓了经济发展的步伐，之后更是让经济陷入倒退。爱奥尼亚沿岸的贸易中心无法获得充足的现金继续贸易扩张的脚步，经济发展遭到毁灭性的打击。爱奥尼亚的商业船队被强行征召,为战争供应物资,爱奥尼亚的竞争者们趁机抢走利益丰厚的贸易机会,这成为爱奥尼亚之后发生起义的根本原因。起义发展迅猛,很快导致帝国陷入内战以来最为严重的危机,也让波斯第一次直面希腊大陆强大的军事力量。

第二部分
雅典崛起

第七章
雅典崛起

阿提卡早期一直属于希腊国内偏远落后的乡野之地。古典时代以前，该地区唯一值得一提的成就便是建立了以雅典为中心的统一政治结构。阿提卡土壤贫瘠，很难满足大多农民自给自足的需求，可以想见，公元前 7 世纪伊始，人们对这里的前景并不看好。它最终能在地中海地区拥有超级强权，离不开两大彻底改变雅典社会且至今仍持续影响西方文明的重要革新。第一次革新抛却前景稳定却十分受限的以农业为基础的经济，转而追求前景难测却利润丰厚的以贸易为基础的经济。这一转变完成后，雅典成为希腊最富有的城邦，拥有了足以抵挡波斯的经济实力，后来还建立起自己的城邦国家。第二次革新中，雅典脱离传统希腊政治，即抛弃贵族政治和专制统治，选择民主政体，此次革新具有同样重大的意义。

两次革新的结果如何事先都无法预知。民主的根基不够稳健，好几次都遇到令建立民主社会难以实现的挑战。雅典人经过数十载的争辩和争执之后，终于让贵族轻视平民的观念有所转变，建立起民主政府，普通男性公民也可以发表自己的意见。

这两项革新对雅典在马拉松战役中获胜都发挥了重大作用。从希罗多德的书中可以知道，雅典派出至少 9000 名重装步兵参战，我认为可能还有几千名这样的重装步兵驻守于马拉松附近一带。一个训练有素、全副武装、战甲披身的重装步兵就要耗费不少金钱，若雅典坚持走农业路线，根本无法负担上万名重装步兵的支出。雅典通过发展贸易积聚巨额财富，方有能力支付动员和装备足以匹配波斯军力的部队费用。推行民主的巨大意义也不言自明。当时的希腊人认为，是民主让他们在战场上拥有明显的精神优势。拿破仑也曾说过："在战场上，德行之力，十倍于身体之力。"希罗多德记录雅典成为民主城市后取得的第一场决定性胜利时这样写道：

> 除了这一伟大胜利，各地众多例证都表明，自由是个好东西。暴政统治时期的雅典人丝毫未曾表现出超乎邻邦居民的英勇，然而，一旦挣脱暴政枷锁，他们立刻成为毫无争议的最强战士。由此看来，在持续的压迫下，他们对

第二部分 雅典崛起

于失败也不甚在意,因为那是在为主人卖命;等到获取自由,每个人便开始不遗余力地为自己奋斗。

希罗多德指出,民主对雅典的军事强盛具有深远的影响,但阿提卡人当时并未感到自己拥有任何明显优势。雅典刚刚转型成贸易城邦,到马拉松战役时已积累了比几十年前多得多的财富,不过远未到达后来让它成为超级邦国的程度。没有一个希腊人,甚至可以说没有一个雅典人,认为雅典拥有足以对抗波斯帝国的财富。所有爱奥尼亚的希腊城邦都曾是富庶的贸易中心,却均于马拉松战役前几年里在对抗波斯时遭遇惨败,被迫臣服。若论民主的裨益,许多民主的爱奥尼亚城邦都曾见证了自家的自由重装步兵被专制波斯战无不胜的军队击溃。从历史来看,进行自由贸易的民主城邦在与中央集权的专制超级大国波斯的战争中,从未展现出任何优势。在马拉松平原上,雅典人将为民主进行最后一战。

单从雅典早期历史来看,人们不会预测到雅典人将会担当此重任。即便是在雅典,民主机构的建立也并不容易。雅典贵族阶层为了夺取最高统治权,进行了长达几十年的内战,小贵族们变身统治贵族,共同控制着当地区域。之后,经历了血腥残酷的大屠杀,雅典才逐步建立起民主体制。

公元前632年,雅典贵族和奥林匹克英雄赛隆在其岳父、迈加拉暴君塞阿戈奈斯的支持下,占领雅典卫城,宣布建立僭主政

文明的冲突
THE FIRST CLASH

体。可是，赛隆没有为革命做好准备工作，忠诚于雅典当地贵族的平民并未加入他的反叛活动。迈加拉的外来士兵在卫城行事蛮横，惹人厌恶，将大众对赛隆仅有的一点支持也消耗殆尽了。

政府在阿尔克迈翁家族（雅典最有权势的家族之一）主要成员的指示下，以强大的兵力，将赛隆和他的追随者围堵起来。赛隆同兄弟成功逃脱至迈加拉，追随者却被困于雅典卫城。塞隆的追随者同意投降，唯一条件就是保全自己的性命。然而，他们从卫城下来的时候，以麦加克勒斯为首的阿尔克迈翁家族成员正磨刀霍霍地等着，毫不留情地屠杀了所有毫无防备的赛隆追随者。阿尔克迈翁家族很有可能与赛隆家族有世仇，所以他们认为这样的残暴行为是无可厚非的。然而，对于迷信的阿提卡农民而言，如此大规模地杀戮手无寸铁之人，阿尔克迈翁家族实在"令人憎恨"，该家族为此背负了永久的血罪。强大的阿尔克迈翁家族在随后30年间成功击退报复活动，但该家族的300名贵族之后受到集体审判。阿尔克迈翁家族最后被判处永久流放。每个在大屠杀和审判通过期间死去的阿尔克迈翁家族成员的尸体都被掘出，尸骨被扔到阿提卡边界以外。从此，这一家族被判决受到诅咒，此后的100多年间，其政敌利用这一污点对其进行了卓有成效的攻击。

赛隆的追随者刚刚惨遭屠杀，雅典就与迈加拉开战，而雅典贵族间长久以来的不和也未见消停，雅典社会被推向崩塌的边缘。为重建社会秩序，雅典在公元前621年赋予公民德拉科

第二部分 雅典崛起

（Draco）编纂全民遵守的法典的权利。这部法典原书几乎全部散佚，不过后人认为，法典的刑罚极为严酷，还因此创造了一个词来形容惩罚力度远超罪行之重的词语 draconian。事实证明，德拉科的法典效果显著，它最重要的成效就是结束或者说极大地减少了各家族间的仇杀。此后，家族间都要在政治舞台上进行斗争。政治争斗能够并且经常演化到激烈的地步，但发生频率大为降低，破坏性也仅局限于地方。

德拉科的法典实行之后，雅典迎来了一段时间的繁荣。雅典与迈加拉言归于好，并在历史上第一次向更为广阔的地域扩张，扩大了收益和影响力。雅典在扩张之初进入黑海地区，购买那里盈余的粮食，以满足阿提卡不断增长的人口的食物需求。随着贸易蓬勃发展，以及由此自然出现的利益扩张，雅典迎来第一场远距离战争——与莱斯博斯岛上的城邦争夺达达尼尔海峡的控制权。然而，战争施加的沉重负担，贵族家族争夺财富的强烈欲望，都给雅典城带来巨大的经济压力。这里落后的经济机构亟须改革，以适应和满足新的要求。

由于战争所需的投入不断增加，贵族们利用政治强权实行严厉债法，剥夺了阿提卡大多数居民的公民权。与此同时，德拉科法典导致受压迫的农民阶层手中几乎没有收入可以去为自己申冤。贫民和中产阶层没有法定权力来质疑贵族家族的行为，于是，革命言论开始在雅典四处传播。亚里士多德曾说："人民大众对当时社会秩序最难以忍受的、最愤恨的就是奴役，但他们的不满还不止于此。这个时候,人民几乎在所有事务当中都没有一席之地。"当时的人们需要一个领导者,采取强有力的措施,以公平公正的法律来结束即将演化为全面内战的社会危机。一个伟大的人物顺势出现,成功化解了危机——梭伦。这样的事件在人类历史上可谓屡见不鲜。时至今日,梭伦二字依然带有"立法者"的含义。

公元前638年,梭伦出生于雅典著名的贵族家庭。梭伦支持再次与迈加拉开战,并开始逐渐手握重权。公元前595年前的某个时候,迈加拉重新夺回萨拉米斯岛的统治权,而雅典在之前与迈加拉的战争中赢得了这块地区。迈加拉人重夺萨拉米斯,便可以遏制雅典的贸易扩张,让雅典永远停滞在希腊二等城邦的位置。迈加拉人能够占据萨拉米斯并非因为雅典人不够努力,雅典在夺回该岛的过程中是全力以赴的。只是到公元前595年的时候,雅典已被战争耗尽国力,如果国内有人公开宣扬继续战争,就会面临死刑的惩罚。

梭伦很有可能注意到了,雅典年轻人渴望继续战争,却出于对惩罚的畏惧而不敢发出只言片语。他决定利用当时普遍的不满情绪,争取重新同迈加拉人开战。梭伦知道,现有的权力和影响力或许并不足以保护自己,便让家人散布自己已经发疯的消息,做好完美的预防措施。之后,他走进阿哥拉(集市),大声朗读自己创作的煽动性诗篇。这首诗的结尾是这样的:

朝萨拉米斯前进吧!让我们为了这座美丽的岛屿而

第二部分　雅典崛起

战！让我们为了一雪前耻而战！

这首诗影响深远，梭伦的罪行得到赦免，反对鼓吹战争的法律得以废除，雅典与迈加拉的战争也重新拉开序幕，士兵的"积极性比以往任何时候都要高"。年轻的贵族，梭伦的朋友庇西特拉图是这次战争的指挥官。庇西特拉图来自雅典平原以外的山区，在他的指挥下，雅典大军长驱直入迈加拉。此时，迈加拉也正在经受内部动乱。一场恶战之后，雅典人成功占领迈加拉的港口城市尼萨亚，并切断了其与外部世界的联系。控制了尼萨亚后，庇西特拉图同意让斯巴达来仲裁这场战争。斯巴达最终如雅典人所愿，将萨拉米斯判给雅典，不过也要求雅典把尼萨亚还给迈加拉。这场战役结束以后，萨拉米斯永久归于雅典管辖，庇西特拉图成为雅典人民心中的大英雄。

雅典和迈加拉的战争结束后，梭伦更加受到人民爱戴，于公元前594年被选举为执政官，只要是对雅典有利的事情，他都拥有无限权力采取相应行动。执行官是由阿勒奥珀格斯（由一组前任执政官组成）根据贵族血统和财富来提名人选的。梭伦也创立了雅典公民参加的集会——公民大会，大会对重大事务都拥有发言权，不过最为贫穷、人数最多的雅典底层阶级（*thetes*）被排除在公民大会之外。梭伦也着手为阿提卡建立新的经济秩序，在这一方面他取得了比宪法改革更大的成功。雅典减免了农民阶级的大部分债务，这样他们就不用为债务所迫卖身为奴；发行新货币，第一次开始大刀阔斧地从以农业为主的经济向以商业和贸易为基础的经济转变。

梭伦完成以上改革之后就离开了雅典,据希罗多德记载,梭伦颁布条例,要求雅典在之后10年间都要维护他的变革,而实际上这些改革仅仅维持了4年,旧的社会矛盾便死灰复燃。梭伦再度回到雅典的时候,发现这里跟以前一样矛盾四起。在人生的最后阶段,他试图化解争端和民事纠纷,可惜效果甚微。梭伦的改革在短期内就惨遭失败,不过他建立的体系最终发展成为民主机构。接下来,以强权建设秩序的任务就落在了雅典迈加拉之战的英雄——庇西特拉图的肩上。①

现在,我们从公元前562年开始讲述雅典的故事。在东方,克罗伊斯即将登上吕底亚国王之位,居鲁士3年之后就会成为一个波斯小部落的领袖。庇西特拉图决心趁雅典骚乱不断,成为雅典僭主,为此他需要稳固的政治支持作为基础,而这并不是一朝一夕就能做到的。庇西特拉图攀升至高位之前,德拉科和梭伦的改革之后,雅典政治由海岸党和平原党两大政党主导。庇西特拉图无法主导其中任何一个党派,便创立了第三个政党——山地党。对于不够了解雅典宪法历史的人来说,雅典从此时开始的发展历

---

① 梭伦曾是庇西特拉图的老师,却在庇西特拉图夺取政权后站在了他的对立面。他是为数不多敢于在阿哥拉公开反对庇西特拉图的人。当被问及为何要如此冒险,他说自己年事已高,再无可惧之事。庇西特拉图一直都非常尊重梭伦,梭伦最后也得以安度晚年。——作者注

程就像是一摊泥淖，毫无头绪。为此，我在以下表格列出了三大政党与各大氏族的关系，以及其宗旨。

政党名称	主要代表人群	主要成员及相关家族
平原党（Pedieis）	雅典附近平原上的富有居民（大量雅典世袭贵族属于该党派）	**斐赖家族** （有时也被称为奇莫尼德家族或西莫尼德家族） **主要成员** 　伊萨格拉斯（政党成员，家族未知）——反对克里斯提尼；在斯巴达国王克里昂米尼的支持下夺得统治权，后来遭到驱逐。 　老米太亚德——克森尼索的第一位僭主。庇西特拉图派他前去克森尼索，任务是保证雅典能够获得粮食。 　米太亚德——老米太亚德的侄子。他也曾担任克森尼索的僭主。爱奥尼亚发生起义后返回雅典，在马拉松战役中担任雅典大军指挥官。 　西蒙——米太亚德之子，薛西斯发动的第二次希波战争中的雅典英雄。希罗多德在雅典吟诵自己的历史书时，正是西蒙权势极盛的时候
海岸党（Paralioi）	雅典海岸和城内的商业利益集团	**阿尔克迈翁家族** **主要成员** 　麦加克勒斯——庇西特拉图早期的盟友，之后两人成为不共戴天的仇敌。在他之前还有一人也叫麦加克勒斯，此人承诺保证留赛隆（奥林匹克英雄，早先试图成为雅典僭主）一条活路之后又将他杀死，这个麦加克勒斯犯下无法抹去的罪行，令他的整个家族蒙羞。 　克里斯提尼——麦加克勒斯之子，出色的政治家，希庇亚斯的死敌。他未来将是推动雅典建设真正民主制度的关键人物

(续表)

政党名称	主要代表人群	主要成员及相关家族
山地党 (Hyperakrioi)	耕田或在山区贫瘠土地放牧的穷人。该政党同时也代表雅典众多穷人以及被剥夺公民权的人	**佩西司特拉提达伊家族** **主要成员** 庇西特拉图——雅典第一位僭主。在他的统治下,雅典开始走向兴盛。 希庇亚斯——庇西特拉图之子。他被克里斯提尼(在斯巴达的帮助下)废黜,之后居住在波斯帝国。马拉松战役中他在波斯军中,希望自己在波斯得胜后能重夺僭主之位

庇西特拉图从雅典贫穷和被剥夺公民权的人群着手,逐步建立起自己的政党。这些人极度忠诚,在他成功或是失败甚至被放逐时都紧紧跟随,因此他的政治基础极为稳固。在由大量穷人组成的山地党的全力支持下,庇西特拉图踏上寻求最高权力的道路。他故意制造出自己被人谋害的假象,伤痕累累地出现在阿哥拉,声称自己遭到敌人袭击,险些丧命。他告诉公民大会的成员(里面挤满了雅典城的穷人和来自山区的人),自己之所以受到攻击,是因为他公开为穷人争取权利。经过投票,公民大会决定派遣 50 名士兵担任他的私人卫队。于是,庇西特拉图成为雅典城邦唯一拥有正规常备军的人。公元前 560 年,他占领雅典卫城以及金库。大多民众支持他的行动,而海岸党和平原党都想置对方于死地,不可能合作以阻挡庇西特拉图夺取权力。

庇西特拉图一跃成为雅典最高统治者。5 年后,另外两个政

第二部分 雅典崛起

党消除分歧，联合双方资源，将他废黜并放逐。然而，这个反对庇西特拉图的联盟很快再次分崩离析。海岸党领导者麦加克勒斯与平原党的盟友，甚至可能还与党内人士也发生了争执。为应对这种局面，他找到庇西特拉图，提出如果庇西特拉图同意迎娶他的女儿，联合两个政党，他就会帮助庇西特拉图夺回僭主之位。庇西特拉图答应了他的条件，着手寻找恰当的机会返回雅典。希罗多德记叙了一个传说，说他的支持者找到一位美艳绝伦的女子，将她装扮成雅典娜。平民百姓看到一个传令官走在庇西特拉图和年轻女子乘坐的镀金马车之前，宣布女神雅典娜要亲自将统治权归还给这位僭主，居然相信了庇西特拉图的骗局。

庇西特拉图如约举办婚礼，不过一切只是做戏。或许麦加克勒斯盘算过，这场婚姻的男性后代将会继承庇西特拉图之位，成为新的僭主。倘若他真这样想过，那他没多久就会彻底失望，因为庇西特拉图跟之前的妻子已经育有两子，即希庇亚斯和希帕科斯，他肯定不会损害这两个儿子的利益，让麦加克勒斯的孙子继承僭主之位。此外，他也不愿败坏佩西司特拉提达伊家族在雅典社会的名誉，毕竟阿尔克迈翁家族的另一位麦加克勒斯给这个家族带来的羞辱尚未消除。

麦加克勒斯发现庇西特拉图没有为自己生一个外孙的打算，又开始同平原党合作，将庇西特拉图流放。这一次的放逐持续了10年之久。庇西特拉图知道，要想重夺并守卫雅典统治权，他需要金钱和军队。这十年里，庇西特拉图竭尽全力去争取这两样东西。首先,他在马其顿避难并得到马其顿的支持,从那里开始,逐渐扩大自己在色雷斯(今雅典北部)潘格亚斯山周围地区的影响力。众所周知,那里的银矿资源极为丰富。庇西特拉图丝毫没有吝啬自己出色的政治才能,他奔走于希腊各处,积极寻找盟友,这些人为他送来大量金钱,助他在阿提卡一带收买人心,他还成功组建了一支规模相当大的雇佣军。他的准备工作接近尾声之际,阿尔戈斯向他派遣1000名重装步兵,纳克索斯岛僭主亲自带着军队和金钱投入他的麾下。公元前546年,庇西特拉图认为自己已经万事俱备了。

庇西特拉图从埃雷特里亚城附近的大本营出发,穿过狭窄海岸,抵达马拉松平原。在这个地方,他事无巨细的精心准备,以及他让山地人民和雅典穷人继续支持他的不间断努力,都收到预期的回报。这些人纷纷加入他的阵营,雅典政府却很难装备起一支强大的军队来对抗这位回归的僭主。稍做停留之后,庇西特拉图开始向26英里之外的雅典进军。海岸党和平原党以及他们尽力集结的所有队伍来到帕伦尼城,试图阻挡他前进的步伐。他们的军队明显是在休息期间被紧急召集,还未集结完毕就遭到庇西特拉图的袭击。溃败的雅典守卫军纷纷撤回城内,帕伦尼战役没多久便画上了句号。这时,庇西特拉图充分展示了自己的精明。他派遣信使追上逃走的雅典人,告诉他们,如果他们放弃战斗,返回家园,就可以安然活下去。大多数雅典人的心思本就不在战争上,便毫不犹豫地接受了他的条件。此时,通往雅典的道路已

第二部分　雅典崛起

无障碍，敌人惊慌逃亡，庇西特拉图和盟友纳克索斯人抓住没来得及逃走的显贵，将其作为人质关押起来。

经过两次失败，庇西特拉图终于站稳脚跟，展开长达17年的统治。在他的管理之下，雅典从一个处境困难的二等城邦迅速发展成最为伟大的城邦之一。他实行的虽是专制统治，不过并不十分严苛，雅典所有的机构设置都得以保留。除去现在要遵从一个人的意愿之外，雅典政府几乎没有任何变动。盖乌斯·屋大维·奥古斯都可以说是古代施政方针与庇西特拉图最为接近的君主。他登上罗马最高统治者的位置后，也几乎原封不动地保留了包括罗马元老院在内的政府机构设置，不过奥古斯都在所有事务当中都起到了指引方向的作用。

庇西特拉图的第一步就是大力奖赏在他多年流放期间一直支持他的人。他将贵族的庄园分给众多的普通劳动者，由此雅典出现了自耕农阶级，他们将会成为雅典战线上英勇杀敌的重装步兵。这一改革让贵族失去权力赖以存在的经济基础，在长达几十年的时间里，平原党都处于势力尽散的状况。政府要求新的土地所有者上交农产品的十分之一，对于从前一无所有的人们来说，如此的负担可以说是微不足道。

这一收入来源很可能成了政府财政的支柱，但它远非雅典唯一的收入来源。庇西特拉图继续牢牢控制着他在色雷斯所管控的银矿，并新增了阿提卡地区的劳里厄姆银矿。从这个时期开始，他大幅加强银矿的开采力度。雅典利用两个银矿的矿藏铸造出新的阿提卡货币，货币一边刻着雅典娜半身像，另一边是一只猫头鹰。这些硬币以沉甸甸的重量和高纯度而大受欢迎，并被广泛应用。银币大量进入经济体系，有效推动了雅典贸易的发展，之前支持海岸党的许多人财富不断增加，转而成为庇西特拉图的盟友。

庇西特拉图为推动雅典经济发展所做的努力绝不止于此。他对于开支毫不吝啬：这一政策与大流士统治第一年的做法很类似，但持续的时间要长得多。他积极资助农民，大范围开展建设项目，充分利用雅典的剩余劳动力。同时，他开始了将雅典农民从生产粮食向种植橄榄转化的过程。这些改变的意义不容小觑，对雅典社会和外交，乃至后来雅典在马拉松做出战斗决定都产生了深远影响。

橄榄是典型的经济作物，与种植粮食相比，农民培育橄榄能够获得更多收入。雅典生产的橄榄油远远超过阿提卡的需求量，因此雅典开始与其他城邦开展贸易活动。活跃的贸易活动加上银币的引入，让雅典成为希腊最为强大最为富裕的贸易城邦。不过，雅典从种植粮食转向培育橄榄也存在一定的弊端，最主要的就是雅典无法满足不断增长的人口的粮食需求。雅典也有几个地区的粮食生产供过于求，不过黑海周围农场的粮食剩余最多。阿提卡商人很快就开始定期往返于雅典和黑海之间，黑海一带成为对于雅典的生死存亡至关重要的地区。达达尼尔海峡作为进入黑海的通道，于雅典而言便具有了重大的战略意义。自这个时候起，雅典在该地区的影响力日趋显著，许多雅典人成为这里数座

第二部分 雅典崛起

城邦的僭主,马拉松战役的雅典英雄米太亚德就是其中之一。农业转型政策的另一处弊端是,橄榄树极易被摧毁,这必定是雅典在马拉松战役中决定藏身于城墙之后依然勇敢直面波斯大军时要考虑的一个重要因素。由于橄榄树容易遭到毁坏,雅典就必须尽力维持长期的和平状态,至少要维持到有能力保护橄榄树的时候。因此,庇西特拉图和紧跟他之后的数位继位者愿意不惜一切代价来维护和平的局面。

庇西特拉图的经济政策及一系列改革大幅增加了雅典的财富及公民人数。此时的雅典政治和经济实力还远不及几十年后,但马拉松战役爆发时已比大多历史学家所认为的要富裕和强大得多。大多重装步兵都要自己购买盔甲和武器,较为富裕的农民阶级中自然有更多人可以入伍参战。庇西特拉图统治之初,雅典要应付相比之下并不强盛的迈加拉还有相当的困难,经历快速的经济发展之后已经可以组建起一支足以击退波斯大军的队伍。

庇西特拉图积极采取和平外交政策,努力让雅典成为一个友好邻邦,此举的原因除了保护他的经济奇迹之外,他本人的经历也是一个重要因素:让敌人聚集在自家阵地附近,会带来巨大的危险。他认为,自己能成功回归统治地位,要归功于埃雷特里亚愿意实施的反攻大本营、马其顿的庇护、色雷斯的资金支持、阿尔戈斯的军事支援,还有纳克索斯岛慷慨的军事和经济支持。被他流放的那些人,尤其是向来虎视眈眈的阿尔克迈翁家族(麦加克勒斯和他出类拔萃的儿子克里斯提尼),一直都在秘密谋划回归，这成为他坚持同邻邦保持友好的另一原因。流放者的顽强性和实力都不容轻视，庇西特拉图上任后，首要任务就是保证他们永远无法在阿提卡附近的城邦或地区找到救援。

这并非易事。迈加拉对于痛失萨拉米斯还在耿耿于怀；雅典与军事力量强大的色萨利地区交好，引起了底比斯的不满，而雅典不断增长的实力已经对底比斯造成不容忽视的威胁；雅典的贸易和工业扩张导致埃伊纳岛和科林斯蒙受损失，使其心中也不乏怨恨；最后一点，庇西特拉图若要与斯巴达保持长久的密切关系，就不能同时跟阿尔戈斯交好。庇西特拉图所要处理的外交关系极尽复杂，任务繁重，不过他在有生之年都做得尽善尽美。可惜他的儿子和继位者希庇亚斯没有继承父亲非凡的外交才能，这对庇西特拉图留给家族的遗产来说的确是个不幸。

庇西特拉图向邻邦采取和平友好的政策，对爱琴海另一边的国家和地区却实行帝国主义政策。从之前所述可知，他之所以采取这样的政策，是因为阿提卡地区越来越多的肥沃土地被用来种植橄榄树，他必须确保雅典能够获得粮食。雅典首先从米蒂利尼人手中夺走港口城市西革昂。西革昂曾经受到过雅典统治，雅典很可能是在与迈加拉的战争中首次占领这座城市，以阻止迈加拉在这一地区的贸易活动。希罗多德没有告诉后人米蒂利尼在什么时候以何种方式占领了西革昂，也没有说明雅典何时将它夺回。他只记载道，庇西特拉图任命私生子希格瑟斯特拉图司（他与一名阿尔戈斯女人所生）担任西革昂僭主，从此拉开了雅典与米蒂利尼之间漫长而艰苦的战争。

庇西特拉图占据西革昂之后，控制了达达尼尔海峡的南岸。雅典要想完全掌控黑海的入海权，还要控制黑海北岸，好在庇西特拉图成为僭主后不久便完成了这一任务。那时，色雷斯的多隆科伊部落控制着克森尼索半岛（达达尼尔海峡的北岸），但它在与阿普辛提部落的战争中被逼至北方。多隆科伊向雅典寻求帮助，庇西特拉图迫不及待地答应下来，迅速将雅典的影响力扩张至这一战略地区。庇西特拉图选择权倾希腊朝野的斐赖家族领袖老米太亚德（马拉松战役英雄米太亚德的叔叔），命他带领军队向北行进，担任克森尼索僭主。斐赖家族成员不断继承僭主之位，直到爱奥尼亚发生暴乱。米太亚德抵达之后，可能是赢得，也可能是结束了两部落的战争，在克森尼索半岛修建起一道防御城墙，并与吕底亚国王克罗伊斯结成关系坚固的盟友。对于庇西特拉图来说，米太亚德此举帮他减少了一个潜在的阿提卡敌手，平原党仅剩的领导力被剥夺，雅典在这个关键地区的力量得到大幅提升。

第八章
为战而生的城邦

　　毋庸置疑，雅典军队在马拉松战役中取得了完全的胜利。斯巴达虽拥有希腊最令人畏惧的战士，但他们的先遣部队直到战役第二天才抵达战场。事实上，马拉松战役爆发前几十年间，无论从政治还是军事方面来说，斯巴达都在雅典的发展中起到了决定性作用。波斯入侵之前的两年内，斯巴达军队将距离雅典仅60英里的阿尔戈斯的军队几乎悉数歼灭，当时的阿尔戈斯有主动邀请波斯干涉希腊事务的嫌疑。斯巴达军队给雅典死敌埃伊纳岛造成严重威胁，这个埃伊纳岛与波斯交好，必定会给雅典带来不少麻烦。斯巴达的队伍没能及时奔赴马拉松平原，但他们事先帮助雅典避免了多处开战的局面。可以说，斯巴达有意或是无意地让

第二部分 雅典崛起

雅典避免了走向毁灭的命运，不过两个城邦的友好关系是在数十载的冲突和纷争之后才建立起来的。

斯巴达不同于希腊其他任何城邦。这是一个生于战争的城邦，几百年来一直都是为战争而存在。所有希腊城邦当中，唯有斯巴达在几百年的强盛期间没有为城邦核心的5个村庄修建城墙。现代历史学家热衷于支持这样的观点：海拔达到近8000英尺的泰格图斯山脉为斯巴达形成稳固的保护带，因此斯巴达不需要任何城墙。不过，当时的希腊人认为，斯巴达坚持不修建城墙的原因在于其拥有古代世界最强大的重装步兵。在底比斯将军伊巴密浓达于留克特拉会战（公元前371年）和曼提尼亚战役（公元前362年）中彻底击垮斯巴达前，没有一个希腊城邦敢于派遣军队侵犯斯巴达的领土。

古希腊城邦都是从黑暗时代涅槃重生，人口迅猛增长，食物供应远远无法满足需求，大多城邦为了化解这一矛盾，纷纷在人迹罕至的地区建立殖民地。在这件事情上，斯巴达再次展现了与众不同之处；采取军事扩张政策，企图征服整个伯罗奔尼撒。斯巴达早期的征服活动将阿尔戈斯人驱赶至欧罗塔斯河河谷上游，使当地的拉哥尼亚人沦为希洛人（斯巴达的奴隶）。斯巴达与阿尔戈斯的早期战争开启了困扰伯罗奔尼撒数个世纪的争端。斯巴达占领阿尔戈斯人的土地之后并不满足，又开始觊觎伯罗奔尼撒西南方的麦西尼亚。史书记载，斯巴达士兵在公元前743年左右进入麦西尼亚，之后除了传说再无其他相关记载。按照斯巴达人

文明的冲突
THE FIRST CLASH

的说法，争端始于一次斯巴达和麦西尼亚都参加的阿耳忒弥斯（狩猎女神）神庙庆典。"斯巴达少女之舞"表演到一半的时候，一些麦西尼亚青年冲入人群，企图掠走斯巴达少女，斯巴达国王铁列克洛司在保护少女的过程中惨遭杀害。麦西尼亚人的说法与斯巴达人完全相反。他们称铁列克洛司命令50名斯巴达士兵藏起匕首，假扮少女起舞，试图趁机潜入麦西尼亚领土。麦西尼亚人发现了这一阴谋，后来铁列克洛司死于双方混战之中。这次冲突还不是战争的开端。一位赫赫有名的麦西尼亚奥林匹克英雄波利查勒斯为报复斯巴达人的杀子和掠夺牛群之仇，不加选择地杀害目之所及的所有斯巴达人。他的举动令斯巴达人大为恼怒，斯巴达和麦西尼亚的战争由此开始。这个故事反映出远古时代边界袭击极为频繁和激烈，而且这样的袭击很容易升级为全面战争。

接下来的20年间，第一次麦西尼亚战争全面爆发，战况极尽激烈。麦西尼亚人虽赢得了几次战斗，但从整体来说根本无法与斯巴达人抗衡。他们躲进自家城墙和山脉，尤其是伊特霍姆山形成的天然堡垒之后，经受了与斯巴达人旷日持久的围攻战。在无数打击士气的挫折之后，发生了一个具有决定性意义的事件，但没有相关资料来源进行解释说明。史书中仅记载道，到了距离开战的第二十个年头，战斗结束，麦西尼亚人沦为斯巴达人的奴隶。和平协议中规定，麦西尼亚人永远不会反叛斯巴达，每年要向斯巴达上交一半农产品。斯巴达将军和诗人提尔泰奥斯是这样记录的：

第二部分　雅典崛起

> 他们被迫将农田收成的一半上交给主人，像是负担沉重直不起身的驴子一般。他们带上妻子，身着丧服，祭奠死去的斯巴达国王。

麦西尼亚人在近 40 年的时间里都不得不忍受被奴役的屈辱，直到公元前 656 年，他们开始反叛。斯巴达人未做准备就草草出战，结果在一场非决定性的战役中落败。麦西尼亚人乘胜追击撤退的斯巴达人，发动突袭。他们给斯巴达人造成的除了身体上的伤害，还有精神上的羞辱：在斯巴达领土腹地的雅典娜神庙，他们将盾牌交与一位被俘的斯巴达人，而非自己人。在这场危机当中，斯巴达将军提尔泰奥斯开始崭露头角。斯巴达在博阿尔墓地战役中节节败退，直到这场战争的第三个年头，提尔泰奥斯扭转局势，在大壕沟战役大败麦西尼亚人及其在伯罗奔尼撒的一众盟友。

提尔泰奥斯不但是一位天资过人的将军，更是伟大的诗人。他堪称那个年代的吉卜林[①]。他激励斯巴达人鼓足勇气，再度发动终极进攻。这次危机过后，斯巴达转型成为人们普遍了解的那个战争城邦。人们在夜晚聚集，吟唱神圣赞歌之后，集体背诵提尔泰奥斯的诗篇。一件现存文档中记叙了提尔泰奥斯激励斯巴达将士的话语：

[①] 约瑟夫·鲁德亚德·吉卜林（1865—1936），英国作家、诗人。1907 年获得诺贝尔文学奖。——编者注

文明的冲突
THE FIRST CLASH

斯巴达士兵
年轻人,手持盾牌勇猛作战,
处之泰然,不惧激战,
以高尚和勇气武装内心。
将生死置之度外。
年轻人,坚持抗战吧,
勿恐惧,勿可耻地逃窜,
你应当有坚毅果断的精神,
并肩作战时不要爱惜生命,
老战士腿脚已经不灵活,
不可贪生丢下他倒地。
老年人倒在年轻人前面,
死在前方,令人惭愧,
他鬓发白,胡须白,
英魂出窍在沙场,
双手握着流血的肚肠,
赤身裸体倒在地,
令人羞愧而愤慨,
年轻人在最好的年华,
却如娇嫩的鲜花过早凋落。
男子看见赞叹,女子看见怜爱,
生前美,战死也美。

第二部分　雅典崛起

> 我们每人快分开双脚
> 就地站稳，咬紧嘴唇！

斯巴达人将半个伯罗奔尼撒的人变为奴隶阶级，却在征服伯罗奔尼撒北部城邦时遇到了极大的困难。斯巴达进行了几十年连绵不断的战争后，开始转变策略。在不能征服北部城邦的情况下，斯巴达决定与其结为联盟，并在联盟担任主要成员，这在当时看来确是最好的选择。对于厌战的北部城邦而言，为了保持政治独立，与斯巴达结为军事联盟只是微不足道的牺牲。然而，并不是所有的伯罗奔尼撒城邦都加入了联盟，最为强大的阿尔戈斯城邦很有可能坚定不移地与斯巴达保持对立，一直都游离于人们所知道的伯罗奔尼撒联盟之外。

伯罗奔尼撒联盟是一个松散的双边联盟，每位成员都宣称其外交政策绝对服从斯巴达的意愿，并许诺在斯巴达进入战争状态时积极派兵援助。然而，斯巴达却没有回以其他成员同样的承诺。斯巴达开战时可以号召联盟所有成员前来帮助，任一其他成员却不能召唤斯巴达人。因此，联盟成员出兵援助的条件很有可能是必要时可获得斯巴达的保护，尤其是保护其不受阿尔戈斯的侵犯。当时的阿尔戈斯跟斯巴达一样热衷于侵略伯罗奔尼撒岛上的城邦。联盟没有永久性机构，所有城邦代表只在斯巴达要求集会的时候集体碰面。每个成员都能投出一张票，但斯巴达似乎控制了大多较小城邦的投票。联盟所有协议都无法迫使斯巴达接受会议的结果。同样地，联盟中的一些重要城邦如科林斯，也享有相当程度的独立性。马拉松战役爆发前几年，斯巴达与雅典曾爆发过军事和外交冲突，而科林斯的独立性令斯巴达在此期间同雅典的军事和外交活动中遭受了不小的羞辱。下一个世纪，科林斯在没有征得斯巴达同意的情况下，与其曾经的殖民地科西拉岛开始一场大战，由此引发雅典与斯巴达的伯罗奔尼撒战争，这可以说是一场毁灭性的恶战。

斯巴达已经拥有伯罗奔尼撒联盟作为后盾，却依旧无法高枕无忧。它的死敌，强大的阿尔戈斯，总是让斯巴达感觉忧心甚至痛恨。我们无从知晓新一轮的斯巴达－阿尔戈斯反目是怎么回事，只能猜测为，在有限的地理区域内容不下两个不断发展壮大的强盛城邦。伯罗奔尼撒联盟让斯巴达享有了和平的边境，麦西尼亚希洛人也能温顺地服从管理，于是，公元前545年左右，斯巴达挥师直入阿尔戈斯北部，占领了土地肥沃的提里亚平原地区。双方为了规避全面战争，一致同意选出300名战士展开生死搏斗，一决胜负。这场战斗大约发生在公元前544年。战斗结束后，仅剩两名阿尔戈斯人和一个斯巴达人存活。两名阿尔戈斯人毫无与这名斯巴达人交战并结束其性命的打算，他们凭借人数优势宣布获胜，返回阿尔戈斯。幸存的斯巴达人卸下阿尔戈斯阵亡战士的盔甲和武器，用它们在战场堆成胜利纪念碑。然后，他宣布，他，以及斯巴达，是这场战役的胜者，因为他是唯一留下来坚守战场的人。既然双方都宣布获胜，一场全面战争自然无法避

第二部分 雅典崛起

免。大战爆发后，阿尔戈斯遭遇惨败，历经几十年才从溃败中恢复元气。

斯巴达连绵不断的战事为自身带来的影响不容低估。征服麦西尼亚并压制其反抗活动之前，斯巴达看起来跟所有希腊城邦无异，丝毫没有显露出将会发展成为战争城邦的迹象。然而，征服麦西尼亚并让麦西尼亚人沦为斯巴达希洛阶层之后，斯巴达人彻底摆脱了经济负担。他们逼迫希洛人为自己耕田，命令他们将大量农产品上交给斯巴达的土地所有者，不过允许希洛人将剩余的农产品留作己用。

希洛人并不是传统意义上的奴隶，但也无法摆脱奴隶阶层艰难的生存环境，因此他们绝不会放过任何一个起义的机会。斯巴达人为了应对可能爆发的起义，不得不时刻做好战争准备，斯巴达人能够这样做的前提恐怕是他们无须再耕种田地或收割农作物。斯巴达创立克里普提（意为"秘密行动"），征召斯巴达最精壮的年轻人作为秘密警察。年轻人带着令状前往乡下，有权杀死任何一个他们认为会威胁斯巴达或扰乱社会秩序的希洛人。为减轻这些年轻人在有组织的谋杀中犯下"血罪"造成的心理负担，斯巴达每年会例行向希洛人宣战。尽管斯巴达人采取了众多预防措施，但还是无法杜绝起义的发生，而希洛人的每次起义都会遭到残酷镇压。由于国内问题不断，斯巴达在处理伯罗奔尼撒之外的事宜时都采取极尽保守的政策。斯巴达人纵然拥有全希腊最令人闻风丧胆、行动最为高效的军队，可为了压制希洛人从不停歇的起义,极不情愿派遣军队前往远离伯罗奔尼撒以外的地方执行长期任务。

斯巴达人不用为谋生花费力气,便将所有精力投入城邦事宜,而城邦的首要事宜就是战争。斯巴达社会和机构的全部工作就是生产战士,每位公民都是士兵。男性奔赴战场,以重装步兵的身份重挫敌人,女性专门养育战士后代。一个人从出生开始,他的价值就由能否完成这些神圣的职责决定。任何身体有缺陷的婴儿都难逃被丢弃在泰格图斯山上的命运,他们或经受不住暴晒而亡,或成为山间野兽的餐食。还在幼年时期的7岁男孩就要离开母亲身边,接受"阿戈革"(斯巴达教育)。接下来的10年里,他们将会经受严酷训练,不断挑战人类极限,努力成长为可以应对任何艰辛的人,并在战场上绝对服从纪律。

到了18(或20)岁,斯巴达人结束训练,在"共同餐桌"找到自己的位置,成为成熟的斯巴达士兵。成为共同餐桌的一员需要经过投票,只要有一位餐桌成员投出反对票,候选人就失去加入特定餐桌的资格。要是哪个斯巴达人被每一张餐桌拒绝,就会被逐出斯巴达社会。对于刚完成"阿戈革"毕业的斯巴达人来说,登上餐桌还不是训练期的结束。之后10年,他们都要跟同伴住在营房。他们中的已婚人士只能在妻子偷偷前来探望的时候与她短暂相聚。到30岁时,斯巴达人才会变为 *homoioi*,即地位平等的人,才能享受作为公民的全部权利,才有权居住在自己的家里。后世有位雅典人曾说:"斯巴达人的生活简直非人类所能忍受，难怪他们宁愿死在战场之上。"

斯巴达女性同样要服从严苛的斯巴达纪律。她们必须拥有强健的身体，生养众多孩子，浑身散发出斯巴达精神。普鲁塔克在《斯巴达女性传》中以实例展示了斯巴达精神的内涵：

> **达马特里尔**：达马特里尔听人说自己的儿子是个懦夫，便待他出现时亲手将其杀死。斯巴达流传着一句跟她相关的警句："违反法律的德米特里厄斯被亲生母亲杀死——她是斯巴达女性的骄傲，他是斯巴达男性的耻辱。"
>
> **无名氏**：另一女性，她将盾牌交给儿子的时候鼓励他道："儿子，要么拿着这块盾牌回来，要么躺在上面被送回来。"

实际上，希腊大部分地区的女性地位并不比奴隶高出多少。比如说，雅典的女孩一到青春期，就会被家人锁起来直到出嫁。婚后她也要尽量避免出现在公共场合，如果她的丈夫听到直系亲属以外的人在讨论她，就会认为自己遭受了奇耻大辱。相反，斯巴达鼓励女孩参加体育运动，她们经常赤裸着身体与男孩对抗。斯巴达女孩的饮食比希腊任何地方的女孩都要好，她们还会学习读书写字，这一点也常常遭受其他希腊人的耻笑。雅典剧作家米南德如此嘲讽道："教会女人读书写字，犹如给毒蛇以毒药，还有比这更可怕的事情吗？"斯巴达女性也可以拥有财产，在公共问题上发表自己的观点，而且如果第一任丈夫久赴战场未归，还可以再嫁一夫。丈夫不在的时候，斯巴达妇女会照顾丈夫的财物，尽全力保护财产，甚至不惜采取暴力手段。她们从小受到的训练和养成的脾性都赋予她们出色完成这一任务的能力。从现存的资料中不难推断，比斯巴达男人更危险的，就是斯巴达女人。

到公元前6世纪中期，这一体系将斯巴达铸造为伯罗奔尼撒，或者可以说整个希腊，毫无争议的超级军事邦国。正是出于这个原因，吕底亚国王克罗伊斯才会在公元前5世纪50年代初对抗居鲁士的战争中寻求斯巴达的援助，爱奥尼亚才会在抵挡居鲁士入侵，以及之后起义反抗大流士和波斯统治的时候请求斯巴达施以援手。不过，面临内困的斯巴达两次都拒绝了。

最令斯巴达烦忧的事情莫过于北方150英里外正在迅速崛起的雅典。斯巴达发展成为主导伯罗奔尼撒强权政治的过程中，雅典也从未停下脚步。雅典的政治机构走上了与斯巴达逆向而行的改革道路。斯巴达向来不愿将军队派遣至远离伯罗奔尼撒的地方，起初只是静静观察雅典的发展，但对此的担忧之情与日俱增。斯巴达新国王克里昂米尼登基后，果断结束不干涉政策。克里昂米尼拥有强烈的冒险精神，这在斯巴达人身上并不常见。他在统治初期开始就推行新政，斯巴达开始积极参与和干涉伯罗奔尼撒以外地区尤其是雅典的事务。历史上对于克里昂米尼的详细记载并不多，不过希罗多德似乎有不遗余力给他做负面宣传的

第二部分 雅典崛起

意思：

> 阿那克桑德雷达斯之子克里昂米尼登上了王位；他并非依靠自己的品德和勇气获得王位……
>
> 因为据说克里昂米尼大脑并不正常，总是活在濒临发疯的边缘……

希罗多德还说，克里昂米尼在位时间并不算长，而历史记载表明，他积极统治国家长达 30 多年，对于一个自继位起就濒临疯癫的人来说这简直堪称奇迹。从希罗多德其他零散的记录中可以发现，克里昂米尼是一个聪明、不讲道德、狡猾、残酷和果断的人。统治期间，他以贿赂的方式让德尔斐神谕为自己所用，废黜与他同时担任斯巴达国王的人，接受生死审判时成功骗过五长官[①]，在战争中将阿尔戈斯人赶尽杀绝，并拥立雅典的国王。他在担任国王期间实现了辉煌的丰功伟业，结局却并不光彩，可能是遭人谋杀或者自杀。

克里昂米尼还未出生时，关于他的争议就已经开始了。他的父亲，亚基亚德王室的阿那克桑德雷达斯结婚多年，却未能与第一任妻子生育子嗣。五长官担心王室血脉就此中断，命令他重新

[①] 五长官：公元前 8 世纪起斯巴达设立五监察官制。监察官由公民大会从贵族中选举五人担任，一年一任，监察官有权监督国王、参加长老会议、主持公民大会，具有与王权和长老会议分庭抗礼的地位与作用。——编者注

迎娶一位妻子。阿那克桑德雷达斯娶回第二任妻子，却拒绝与第一任离婚，这在斯巴达来说是闻所未闻的丑恶行径，他变成了违反斯巴达法律的重婚者。第二任妻子很快为他诞下一子，也就是克里昂米尼，没想到不久之后第一任妻子也生下儿子多里阿斯，之后又接连生下3个儿子。公元前520年，阿那克桑德雷达斯去世，继位之争爆发。多里阿斯凭借自己在阿戈革以及战争中的出色表现，本最有希望继承国王之位。但是，遵循传统的斯巴达人认为王长子克里昂米尼更有资格继位，于是他就成了新任国王。多里阿斯不甘心失去王位，带着追随者离开了。他几次建立新殖民地的尝试都以失败告终，最后在与腓尼基人的交战中被杀，腓尼基人早已因为他不断制造麻烦而对他恨之入骨。多里阿斯离开后，克里昂米尼还是不能按照自己的意愿进行统治，因为斯巴达宪法规定，必须由两位权力相当的国王共同治理国家。来自亚基亚德王室的国王比欧里庞提德王室的国王地位略高，但也无权指挥另一位国王。公元前515年，与克里昂米尼共同管理斯巴达的国王阿里斯顿去世，其子德玛拉托斯继位。德玛拉托斯统治期间，所做最多的事情就是反对克里昂米尼的政策，后来他在马拉松战役前夕遭到废黜。德玛拉托斯离开斯巴达后前往波斯，随军参加了公元前480年薛西斯第二次入侵希腊的战争。

克里昂米尼获得完全自由采取行动的权力后，将大多精力用于干涉雅典事务或遏制阿尔戈斯的发展之上。他对希腊内政的干涉实际上极大地影响并加速了民主进程。更重要的是，他持续不断的军事干涉和威胁推动了雅典的军队建设，反而使雅典拥有了实力超越斯巴达的强大队伍。而且，他对阿尔戈斯采取的政策也在很大程度上提高了雅典抵抗即将到来的波斯入侵的能力。克里昂米尼对阿尔戈斯的傲慢忍无可忍，亲率斯巴达士兵彻底摧毁阿尔戈斯军队，消除了阿尔戈斯与波斯结盟的威胁。实际上，正是由于克里昂米尼持续 30 多年的激进活动，雅典才有了在马拉松战役中取胜的可能。

第九章
斯巴达对抗雅典

公元前 527 年，庇西特拉图寿终正寝。在他的统治下，雅典度过了近 20 年一派和平、高度繁荣的时光。他的儿子希庇亚斯及希帕科斯在没有遇到较大阻碍的情况下顺利掌权。希庇亚斯继承了父亲的诸多个性和才能，可登基之后的他面临着一个巨大挑战：父亲在位期间从未联手合作的几派力量此时携起手来，企图推翻他的统治。与此同时，阿尔克迈翁家族还在密谋重返雅典。希庇亚斯起初能够很好地应对挑战，但后来阿尔克迈翁家族新任领导者克里斯提尼（麦加克勒斯之子）与喜怒无常的斯巴达国王克里昂米尼联手，终结了佩西司特拉提达伊家族的统治。

起初，希庇亚斯选择继续父亲的和平政策，但随着雅典的经

第二部分 雅典崛起

济和军事实力不断强大,给周边城邦的威胁也有增无减并令其极为忧虑。底比斯击败色萨利之后,正在寻求机会将势力扩张至维奥蒂亚。那些想要逃避底比斯统治的希腊城邦只能转向遥远的斯巴达或近处的雅典,但这样一来又会招致底比斯的嫉妒。科林斯和迈加拉由于雅典传统市场被侵占,而走向经济衰退,因此这两个城邦都加入了以斯巴达为主导的伯罗奔尼撒联盟。作为其保护者,斯巴达也开始与雅典生出嫌隙。无论在任何情况下,雅典都不太可能与斯巴达成为朋友。雅典不断强盛,势必会引起斯巴达的关注,直至引发斯巴达的妒忌。雅典与斯巴达的死敌阿尔戈斯保持着亲密的关系,进一步加剧了雅典和斯巴达关系的恶化。好在斯巴达虽然对雅典越发关切与担忧,但并未立刻发起军事行动。斯巴达一如既往地采取保守策略,不急于行动,但在克里昂米尼成为国王后,一切就都变了。

公元前519年,斯巴达首次找到机会向雅典发难。位于阿提卡近北部和维奥蒂亚南方边缘的小城邦普拉蒂亚被迫屈服于底比斯的管制,普拉蒂亚试图寻找强大的盟友,斯巴达成为首选。对于斯巴达而言,这无异于邀请自己将势力扩张至伯罗奔尼撒以北地区,自然无法拒绝普拉蒂亚的请求。但斯巴达人考虑到,这样一来,自己就要永远与底比斯人保持对立,让雅典和色萨利结成反斯巴达联盟,因此又退缩了。斯巴达国王克里昂米尼选择了一个巧妙而不符合斯巴达惯例的解决方式:他建议普拉蒂亚人向雅典寻求帮助,理由是雅典距离更近,可以更加及时地前来援助。

文明的冲突
THE FIRST CLASH

　　普拉蒂亚人接受了他的建议，雅典人也同意提供庇护。克里昂米尼仅仅使出一招就让两个最为危险的潜在敌人（雅典和底比斯）互相对立。底比斯人听闻雅典和普拉蒂亚结为联盟，立刻派遣重装步兵前去征服普拉蒂亚。雅典人放弃一贯的和平至上的政策，也派军到了普拉蒂亚。开战前，科林斯试图从中调解。科林斯的调停者认为，底比斯不应该强迫任何城邦加入其刚与维奥蒂亚建立的联盟。雅典人以为问题就此解决，便带领大军折返回国。然而，底比斯人对判决十分不满，决心孤注一掷，利用武力将其推翻。底比斯的进攻令雅典人始料未及，不过雅典人在战争中取得了决定性的胜利，由此成功将势力范围扩张至维奥蒂亚。

　　可惜希罗多德的记载仅此而已。军事历史学家从为数不多的史料中找到重要信息，帮助我们深入全面地了解马拉松战役。首先，上段所述战争让普拉蒂亚和雅典结成盟友，并说明为什么普拉蒂亚会派出1000人的重装步兵在马拉松战役中协助雅典大军。这是历史遗留下来的第一份证据，证明雅典重装步兵在迈加拉战争之后的多年间，以及庇西特拉图统治的长久和平期间都保持着高效作战的传统。底比斯军队并非弱旅，绝不是可以轻易击败或摧毁的。这场战役爆发的前一年，底比斯在赛乐瑟斯战役中击溃曾经的希腊最强队伍——来自色萨利的军队。雅典人在遭遇突袭之后还能大败敌人，说明他们的军队纪律严明，将士英勇善战。这场战役发生在马拉松战役之前的29年（或不足29年）左右，可以推断出这场战争中20岁左右的重装步兵在马拉松战役时都

第二部分 雅典崛起

已经 50 岁了。希腊公民需要服兵役直至 60 岁,因此很多参加过这场战争的人有极大可能后来也参加了马拉松战役。至少,马拉松战役中的大多数希腊将领包括军事执政官(总指挥官)肯定都参与了这场战争。毫无疑问,拥有 30 年作战经验的将领会在马拉松战役中起到稳定军心的作用。这是第一份,但不会是唯一一份,证明雅典军队绝非传说中由农民组成的业余军队的证据。

雅典暂时占据上风,克里昂米尼通过鼓动普拉蒂亚和雅典结盟,给雅典制造麻烦的第一次企图以失败告终。从长远来看,希庇亚斯实际上犯下了一个致命错误。底比斯曾支持他的父亲重回王位,现在却成为他的死敌。之后几个月,底比斯一边被迫将军队撤出普拉蒂亚,一边向阿尔克迈翁家族打开国门,同意该家族将底比斯作为行动基地。在这里,家族新首领,聪慧过人、坚决果断的克里斯提尼积聚力量,耐心等待行动的时机。

公元前 514 年,一场未遂的暗杀改变了希庇亚斯政权的特征和本质,加速了它最终的覆灭。一对同性恋人中的一方,哈尔莫迪乌斯或是阿利斯托吉顿,遭到希庇亚斯兄弟希帕克斯的羞辱,决心要暗杀僭主。这对恋人选在泛雅典娜节(古希腊时期,雅典人为了纪念雅典护城女神雅典娜而形成的节日,庆祝丰收及新年)采取行动。当天,所有雅典人都会全副武装出现在卫城,他们希望集合的公众会奋起支持他们,帮助他们抵挡希庇亚斯的雇佣兵团。他们提前只找到寥寥数人参与密谋,不料节庆当天早晨,中间有一人被看到在与希庇亚斯交谈。这对恋人知道计

文明的冲突
THE FIRST CLASH

划已经泄露,于是逃离希庇亚斯所在之地,找到并杀死他的兄弟希帕克斯。此事令希庇亚斯惊恐不已,他迅速采取行动来应付危机。哈尔莫迪乌斯当场被杀,阿利斯托吉顿遭到关押,之后也被处以极刑。希庇亚斯借机解除了雅典人的武装,据推断,他命令自己众多的雇佣兵完成了这一重大任务。不过,没有任何资料表明雅典人对此进行过反抗。之后,雅典暂时失去了公民重装步兵队伍。

亲兄弟遭到谋杀,希庇亚斯既感到愤怒,不由变得多疑,走上暴虐残酷的统治道路。他下令,但凡有人身上存在任何疑点,就立刻处死。他开始向人民征收远高于合理水平的税收,用以维持规模庞大的雇佣兵团,在他看来,雇佣兵是支撑统治的必备力量。在这段时间里,阿尔克迈翁家族都在伺机等待,没过多久,克里斯提尼判定,回归的时刻已到。他命令一支军队从底比斯的大本营入侵阿提卡,后驻扎在边界附近防御工事极为坚固的地方,派奥尼亚附近的雷帕斯德里昂。按照推测,他们是希望以此激发全面起义。克里斯提尼挑错了时机。失去武装的雅典人并没有做好冒险废黜一个由大型雇佣兵团保护的僭主的准备。希庇亚斯立即调兵攻击阿尔克迈翁家族,施以重创。遭遇惨败的克里斯提尼带领他的小型军队返回底比斯,开始策划新的回归,历史证明,他第二次的行动要成功得多。

在战场上尝到败绩的克里斯提尼深知,除非他能怂恿另一城邦进行协助,否则根本无法利用武力获胜。他选择了斯巴达,为此,他寻求了德尔斐神谕的帮助。公元前548年,阿波罗神庙毁于一场大火。克里斯提尼将自己个人和整个家族剩余的所有财富投入到神庙的重建当中。新建神庙远远超过了原有神庙的规格,为他赢得了"太阳神阿波罗仆人"的强烈祝福。克里斯提尼向皮提亚,即阿波罗神殿的女主祭司慷慨馈赠,又获得了她的祝福和支持。

希罗多德记载道,从这时候起,斯巴达人每次来到神庙寻求建议时,都会得到这样的神谕:"首先要解放雅典人。"最终,斯巴达人决定听从神的旨意,派兵前往雅典,废黜希庇亚斯。这个故事的真实性如何我们很难判别。阿尔克迈翁家族能够贿赂皮提亚是有可能的,但他们能给德尔斐神谕施加的影响肯定不及斯巴达人。最好的解释就是,克里斯提尼知道,雅典摧毁了其他伯罗奔尼撒联盟成员的贸易,与斯巴达的死敌阿尔戈斯越走越近,不久前又在战场上大败底比斯,种种行为让斯巴达早已对它心生戒备。克里斯提尼看清斯巴达的倾向所在,让神给出一个正中斯巴达人下怀的旨意,帮助斯巴达下定决心。斯巴达可能希望雅典出现一个实行寡头统治的人,以取代希庇亚斯。斯巴达向来与寡头统治者亲近,尤其是斯巴达扶持上位的那些人。

斯巴达第一次向雅典派出的军队规模不大,由德高望重但非王族的斯巴达人安奇莫里奥斯统率,从海上行进。这支部队在距离雅典不远处帕勒隆的开阔海岸登陆,希庇亚斯率雇佣兵以及1000人的色萨利骑兵就在前方静候他们的到来。希庇亚斯早已耳闻斯巴达打算入侵雅典,因此提前做好了骑兵战的准备。斯巴达人听信了克里斯提尼的宣传和鼓吹,以为等待他们的是夹道欢迎的雅典公民,毫无作战准备,结果遭到重创。安奇莫里奥斯战死沙场,走投无路的斯巴达人匆忙逃回战舰,连指挥官的尸首都未能带回。

斯巴达的军队和名誉遭受如此奇耻大辱,克里斯提尼自然不能忍受。他召集大军,很可能召唤了绝大多数斯巴达士兵,准备远征。公元前510年,克里斯提尼和斯巴达人穿过迈加拉的通路,横空直降雅典。希庇亚斯带领雇佣兵团和色萨利骑兵前去迎战,落了个彻底惨败的结局。希庇亚斯此时尝到了解除雅典重装步兵武装的苦果。战争失利,色萨利人骑马返回国去,希庇亚斯撤至雅典防御牢固的卫城。拥有先见之明的他早已在城内储备了足够的粮草。希罗多德说,斯巴达人毫无展开遥遥无期的围攻战之意,正准备打道回府,结果命运之神改变了一切。希庇亚斯的孩子们企图从卫城逃走,不料被人发现,给抓了起来。为了救回孩子,希庇亚斯同意投降,并在5天内离开雅典。

希庇亚斯早已做好最坏的准备。他同父异母(也可能是同母异父)的兄弟统治西革昂已有几十个年头,与统治那片地区的波斯人十分交好。希庇亚斯为讨好波斯,将自己的女儿嫁给兰普萨库斯僭主,而这位僭主向来受到波斯皇帝的敬重。斯巴达人肯定也注意到了希庇亚斯进攻波斯的意图,将此视作应对斯巴达国力渐盛的策略。事实也是如此。或许,是希庇亚斯亲近波斯的做法

第二部分 雅典崛起

决定了他最后的命运,因为斯巴达在这个时期一直采取的是反对波斯的政策。

希庇亚斯开始流亡生活,宣告佩西司特拉提达伊家族统治雅典时代的结束,不过其势力范围依然遍布雅典乃至整个阿提卡地区。希庇亚斯离开后,斯巴达人也撤兵回国,留下雅典人处理内务。克里斯提尼离开底比斯大本营,阔步登上雅典最高统治者的位置。

倘若克里斯提尼认为,废黜僭主的自己会受到民众推崇,现实肯定会让他失望至极。希庇亚斯离开,古老的梭伦宪法被重新起用,庇西特拉图在位之前困扰雅典的矛盾死灰复燃。雅典三党,平原党(古老的贵族)、海岸党(阿尔克迈翁家族及其商人阶级支持者)以及山地党(佩西司特拉提达伊剩余的支持者)的争斗再度趋于激烈:以伊萨格拉斯为首的平原党贵族建立了新王朝,伊萨格拉斯成功赢得了山地党的支持,这些人憎恨克里斯提尼导致山地党的希庇亚斯被废黜。

最初的几年间,伊萨格拉斯和贵族们牢牢掌控权力,将克里斯提尼逼至国家统治的次要位置。伊萨格拉斯的统治与寡头政治无异(因为他必须维系其他贵族家族的支持),斯巴达对此感到很是满意。可是,伊萨格拉斯和其他贵族家族却犯了矫枉过正的错误。为了更好地控制雅典公民大会,他们对公民名单进行了彻底的调整。这一修订的结果是,许多穷人(山地党)失去了庇西特拉图赋予他们的在公民大会中投票的权利。该举动正中克里斯提尼下怀，其实狡猾多端的他也是支持此次修订的一分子。在权力争斗中多次被伊萨格拉斯制胜的克里斯提尼，开始转而寻求被剥夺选举权利的公民支持。希罗多德是这样说的："雅典人遭到政治家的摒弃，而他趁机将人民拉拢到自己一方。"克里斯提尼巧妙争得包括乡野村民在内的平民百姓的支持，让他的政治生涯发生质的转变。现在，克里斯提尼开始公开争取佩西司特拉提达伊家族（希庇亚斯所在家族）——他和他的家族曾经的死敌的支持。一个多世纪内，阿尔克迈翁家族一直反对将选举权赋予社会底层的人民。庇西特拉图从马拉松出发前往雅典时，这些人没有在帕伦尼战役中支持他的父亲麦加克勒斯，他们也没有在他数年之前从底比斯攻回雅典时为他提供任何支持。

克里斯提尼是唯一身居高位而又支持普通民众和农民的政治家，于是这些人纷纷投入他的麾下。失去选举权的民众坚定地支持克里斯提尼，伊萨格拉斯和他的贵族支持者发现已经陷入了寡不敌众的局面，再不寻求援助，统治权力即将不保。伊萨格拉斯决定采用一个屡试不爽的办法：寻求斯巴达的帮助。斯巴达国王曾经来到他的家中做客，希罗多德说克里昂米尼借机与伊萨格拉斯的妻子发生了关系，从这一点说来，伊萨格拉斯是有望得到斯巴达人支持的，加之雅典民主萌芽令克里昂米尼相当不快，因此他决定亲自出动。他听从伊萨格拉斯的建议，号召雅典人驱逐克里斯提尼和整个阿尔克迈翁家族，宣称他们的手上沾满鲜血，100多年前屠杀赛隆及其追随者招致的诅咒依然缠绕着这个家族。

第二部分 雅典崛起

克里斯提尼决定顺应形势,离开雅典,等待下一次回归的机会。他离开后不久,克里昂米尼带领一小支斯巴达军队进入雅典,可能还有300名贴身卫队或重装步兵。他很快下令驱逐700户支持克里斯提尼的家庭。如果克里昂米尼、伊萨格拉斯和其他雅典贵族就此停手,情况可能会朝着对他们有利的方向发展,但他们再一次不自量力了。雅典民主萌生的迹象让克里昂米尼极为不安,他决定将其连根拔起,顺手推翻梭伦宪法。在伊萨格拉斯的支持下,他准备下令解散雅典公民大会,安插300名伊萨格拉斯的支持者取而代之。雅典公民大会听说克里昂米尼的计划后迅速碰面,为了反对解散,他们展现出非同寻常的勇气,号召人民起来反抗入侵者。初尝政治权力滋味的雅典人民立刻蒙召而起。斯巴达人、伊萨格拉斯及其支持者被数量占据绝对优势的人民逼退至雅典卫城,只能被动等待群众自行散开。然而,他们没有离开。之后的两天时间里他们原地不动,将几百名国家精英和绝望的斯巴达重装步兵封锁起来。卫城里没有备好应对围攻的粮食,斯巴达人很快就陷入绝境。第三天,斯巴达人与民众达成停战协议,带兵出城。这个投降条约中包括一条令斯巴达人颜面扫地的条款:斯巴达人要想安全通行,必须交出手中武器。克里昂米尼永远无法忘记这个奇耻大辱。斯巴达人秘密将伊萨格拉斯也带出城外,他的支持者就没这么走运了。希罗多德说,这些人被捆绑关押,等待最后的处决。

伊萨格拉斯既已被废黜,克里斯提尼和他的支持者便重返雅

文明的冲突
THE FIRST CLASH

典。无论他的真实政治倾向如何,他都兑现了当初在与伊萨格拉斯及其他贵族家族争斗中许下的承诺。或许他开始有所体悟,与其管理纷争不断的各个派系,不如操控大众,这才是聪明的政治家应该选择的策略。克里斯提尼成为国王之后,所做的第一件事就是着手改革雅典宪法。他可能是想要攻破旧的政治联盟,摧毁各大家族和4个古老部落的政治力量,创造一个完全受他掌控的体制。克里斯提尼是否预测到了这些改变不得而知,亚里士多德所说的"大混合"将在很短时间内把雅典转变为世界上第一个真正的民主国家。

在改革雅典政治的过程中,克里斯提尼实行了三大主要策略:

- 设立10个部落,取代原本的4个爱奥尼亚部落。
- 创建新的五百人会议(boule),10个部落各出50人,取代原本的四百人会议。
- 创立"陶片放逐制"[①],允许一个人在被雅典驱逐10年之后返回雅典。

在现在看来,克里斯提尼改革中最重要的变化是创立10个部落,阿提卡所有自由居民、外侨,甚至还有得到自由的奴隶,

[①] 指古希腊时期雅典的一项政治制度,雅典人可以通过投票强制放逐某人。"陶片"指用作投票票券的陶器碎片。——编者注

第二部分 雅典崛起

都加入了这 10 个部落。克里斯提尼在建立 10 部落的过程中充分展现了自己的过人才能。首先，他将阿提卡分为市区（可能总共 174 个）。简单来说，市区是以最大的村镇为基础设立的地理区域，每个市区都有一个相当于市长的职位和小型行政机构，每个人都要登记成为市民。阿提卡三大区域——平原（斐赖家族）、海岸（阿尔克迈翁家族）和山地（佩西司特拉提达伊家族）——的市区分别被纳入 10 个名叫三分区的群体。三分区是没有具体形式的虚拟机构，没有管理机构或管理者。每个部落由三大区域各出一个三分区组成。

市区和新的部落结构彻底打破了人们忠于氏族的状况，而开始以特定的地理区域为准。克里斯提尼通过创立三分区，在每个主要地区的部落内设置市区，人们不再局限于往日的派系争斗，而将关注点放在了雅典和阿提卡的整体利益上。克里斯提尼推行改革之后，新组建的机构禁止参与地区性或地方性的政治行动，击碎了原有党派（平原党、海岸党和山地党）。

新的政治机构对雅典军队的结构和军事准则也影响深远。每个部落（部落以德尔斐女祭司选择的神话英雄命名）都必须贡献一定数量的重装步兵和一支骑兵中队参加防御活动。每个部落的军团也拥有自己的将军。十将军每年经由选举产生，据说，他们每天轮流指挥整个军队，第三执政官担任总的军事领导者，或者说是战争领袖。在此之前，向来都是由执政官负责管理军队，其他将军无权进入管理层。大多其他历史学家认为，轮流管理体系在马拉松战役中发挥了巨大的作用。笔者认为,国家遇到危机之时,应该会暂停轮流管理体系,由军事指挥官在战争中担任最高军事领导者。如果让担任最高军事领导者的军事执政官在日常事务中失去管理权,必定会酿成军事灾难。雅典人向来以容易受机构自毁影响而闻名,他们不太可能长时间容忍一个会给国家带来混乱的军事指挥。

雅典积极进行改革的时候,克里昂米尼返回了斯巴达。在雅典时为了换得安全通行,不得不交出武器的耻辱依然历历在目,他一刻不停地着手制订复仇计划。他召集伯罗奔尼撒联盟的所有征兵,命令他们为来年春天的战斗做好准备。战略家克里昂米尼游说其他国家也加入他的征战联盟。十几年前长驱直入挺进普拉蒂亚却在雅典手中遭受惨败,底比斯的怨恨从未消减,此时它已重建军事力量,迫不及待地同意加入斯巴达的进攻联盟。哈尔基斯人感到此次征战胜算很大,决定也参与战斗,贡献自己仅有的数千重装步兵参战。

克里斯提尼清楚,羞辱 300 人的斯巴达军队跟应付整个斯巴达大军完全是两码事。他急急派遣使者前去萨第斯,求见波斯总督阿塔佛涅斯,请求波斯提供军事援助,抵挡即将到来的斯巴达猛攻。紧接着,一件大事发生了。希罗多德是这样说的:

> 使者到达萨第斯,根据雅典国王的指示说明来意,阿塔佛涅斯……询问是谁想要成为波斯盟友,这些人住

第二部分 雅典崛起

在何处？听到使者的回答之后，他简单回答道，如果雅典向大流士国王奉上土和水，就可以成为波斯盟友，否则就要使者离开。使者们希望能与波斯结盟，因此自作主张同意供应土和水，结果他们回国后为此受到了严厉的指责。

向大流士奉上土和水绝非小事，象征着雅典将屈从于波斯统治。希罗多德说，使者是自作主张下了决定，但克里斯提尼妄想不屈服于大流士统治就让波斯与雅典结盟，或者出兵援助，这根本就是不可能的事情。这件事情发生的时间和希罗多德收集相关资料的时间隔了五六十年，他的记载肯定有误；对于一个后来战胜波斯，在萨拉米斯、普拉蒂亚和马拉松大获全胜的城市，"屈服于波斯"对雅典而言是不堪忍受的屈辱。雅典既然取得了如此非凡的成就，倘若其承认自己是最早邀请波斯干涉希腊事务的城邦，那么就会有悖于雅典为自己创造的伟大神话。克里斯提尼很可能提前授意使者，在必要时向波斯奉上土和水。他预计等使者们返回雅典时，斯巴达大军已经来势汹汹，雅典人需要所有可以获得的帮助，他愿意为此付出任何代价。使者回国后遭到强烈谴责，表明此时阿提卡的情形与他们出发前往萨第斯时所预测的情况大为不同。

公元前507年春，克里昂米尼带领斯巴达和伯罗奔尼撒联盟所有兵力朝雅典进发，伊萨格拉斯很有可能也在他的阵营里。与

文明的冲突
THE FIRST CLASH

此同时，底比斯入侵阿提卡，占领边界上的奥伊翁市区和约伊阿伊市区，哈尔基斯人从西北挺进阿提卡。雅典大军正在集中力量应对主要敌人——克里昂米尼和斯巴达重装步兵，底比斯人和哈尔基斯人都不觉得自己会陷入巨大的危险。伯罗奔尼撒军队抵达埃莱夫西纳，给当地造成相当破坏后，却停下了行军步伐。原来雅典人不顾侵犯北疆的底比斯军队，排兵布阵于将色莱西亚平原和雅典平原分割开的山脊之上，静候伯罗奔尼撒大军。雅典人如若不能守住这条山脊，雅典势必将会沦陷。

雅典重装步兵人数明显不敌对方，但他们已经做好了应对袭击的准备。他们心中胜算不高，却不乏坚定高涨的战斗意志，欲拼死抵挡外来侵略者。就在这时，奇迹降临在了雅典重装步兵身上。伯罗奔尼撒盟军未动一兵一卒，自行解散，打道回府去了。据希罗多德记载，克里昂米尼战前没有告知盟友们此行的目的，科林斯人得知他们要与雅典开战，犹豫片刻就决定退出。希罗多德说，他们认为这是一次没有正义可言的行动，实际上科林斯人恐怕是出于英明的策略考量。科林斯贸易繁荣，主要竞争对手是埃伊纳岛和迈加拉，而这两个城邦都是雅典的死敌。倘若雅典被摧毁或遭受惨重损失，这两个城市必将集结全部资源，肆无忌惮地掠夺科林斯。

与此同时，德玛拉托斯，斯巴达的另外一位国王，就继续进行侵略的可行性与克里昂米尼产生了重大分歧。斯巴达其他盟友眼见科林斯人打道回府，加之听闻斯巴达国王们意见不合，也纷

第二部分 雅典崛起

纷拔营回家。雅典人占据着有利的防守位置,斯巴达要想单凭一国军力发动进攻也不得不考虑再三。斯巴达在伯罗奔尼撒的强势地位主要依靠的就是其军队,失败或是以惨重损失换取的胜利都会威胁其地位,或给希洛人反叛的机会。克里昂米尼别无他法,只好率领斯巴达军队回国。遭受此次挫败之后,斯巴达通过一条法律,禁止两位国王同时坐镇大军军营。斯巴达人断然无法容忍这样的临阵分歧再次发生。

斯巴达人带兵离开后,雅典开始报复另外两个仇敌。战争详情我们不得而知,只知道他们首先选择进攻试图与哈尔基斯人联合的底比斯人。希罗多德只说在这场战斗中,底比斯人遭到大规模屠杀,700人被生擒。击溃底比斯军队当天,雅典人马不停蹄穿过埃维亚岛,大败哈尔基斯人。希罗多德说,他在卫城见到了将底比斯和哈尔基斯人锁在一起的铁链,锈迹斑斑的,悬在烧焦的城墙之上。战俘很快被以每人200德拉克马①的价码赎回,400名雅典殖民者(cleruch)②留在了哈尔基斯的领土上。

距离马拉松战役只剩17个年头,我们必须仔细研究希罗多德所留不多的证据,探寻现在发生的战役会对将来的希波战争带来怎样的启示。首先,这进一步反击了一个广泛的争议:波斯人来犯时,雅典没有职业军队。在没有盟友的情况下,雅典军队

---

① 古希腊城邦货币。古希腊德拉克马硬币可追溯至公元前6世纪,通常由银制成,有时由金制成。——编者注
② 此处具体指领受被征服土地的古希腊公民。——编者注

伫立于山脊之上,直面整个伯罗奔尼撒联盟的全部兵力。士兵们不可避免心中有所担忧,但他们意志坚定,士气高涨,丝毫没有退缩的念头。雅典的重装步兵做好迎战的充分准备,纵然前方有千军万马,也誓要像斯巴达诗人所激励的那样"就地站稳,咬紧嘴唇"。他们能否取胜并不是最重要的,关键是他们有坚持战斗的信心。从这一点可以看出雅典人战前所做的精心准备。每位雅典人都知道,从克里昂米尼在雅典卫城遭受羞辱那刻起,斯巴达军队必然会前来复仇。他们在斯巴达人到来之前的几个月刻苦训练,等待意料之中的袭击。

就在十年前,雅典人击垮了侵占普拉蒂亚国土的底比斯军队,参加过那场战争的老将此时依然活跃于战场之上。雅典人明白,重装步兵过去是战争的先锋力量,在即将到来的考验中也必定发挥带头作用。雅典人既然敢于羞辱斯巴达国王,就有应对严酷复仇的心理准备。是否接受伊萨格拉斯回归还有商讨余地,但雅典人清楚斯巴达人所要的绝不止于此。这年的秋冬季节,雅典人日复一日地怀揣背水一战的决心和勇气,坚持艰苦卓绝的训练。我认为,到了次年春季,雅典和斯巴达两军的实力恐怕已经不相上下了。雅典人如果露出没有做好准备的迹象,或未能建立起全副武装的职业战斗力量,斯巴达人肯定早已发动进攻。此外,我认为雅典公开展示自己的职业军队,这在很大程度上促使科林斯决定退出战斗,也是斯巴达最终选择撤军的决定性因素。

接下来发生的事件也佐证了雅典军队的高度职业性和纪律

第二部分 雅典崛起

性。斯巴达退出战斗之后,雅典军队穿越广袤的阿提卡地区,向训练有素、纪律严明的底比斯军队发动直接攻击。他们行军结束,一刻不歇地就发动了袭击。之后,又一鼓作气挺进到海岸,登上战舰,两栖登陆,迅速投入新的大战。未来成为雅典敌人的波斯人指望依靠骑兵来赢取胜利,而哈尔基斯骑兵,希腊世界最鼎鼎有名的骑兵,在重装步兵气势如虹的攻势之下纷纷倒地,未能施展出任何拳脚。

这里还要谈谈最后一个关键点。雅典显然拥有一位军事天才。希罗多德从未提及是谁指挥雅典军队作战,此人的姓名无从考证,不过能够在上述战役中率领军队连续取胜的人必定是位不可多得的人才。一条著名的军事箴言说,领导者的才能高低决定了军队的实力高低。雅典军队显然是一支强大的队伍。有人能让他们整个寒冬都集中训练,面对斯巴达大军时保持高涨的战斗精神,激励他们横穿阿提卡,度过艰难的行军历程,领导他们在很可能不到 24 小时的时间里赢取两场关键战役的胜利。军队若要完成这样的功绩,背后必定有一位出类拔萃的领导者——他拥有非凡的战略才能来阻挡规模大得多的伯罗奔尼撒军队,以很小的损失大胜另外两支军队。他深谋远虑,指挥能力突出,带领军队在不堪忍受的重压之下依然保持高度集中。雅典北方行省遭受敌军蹂躏之时,他手下将士心中肯定会担忧远在北方的家人和财产安全,他却能指挥军队镇定自若地面对斯巴达人。他精通战事的另一体现在于,他为军队行军和在两处距离遥远的前线作战部署了足够的粮草供应，命令船只时刻待命，为水陆两栖袭击做好准备。

这位消失在历史长河中的军事天才到底是何人呢？据猜测来看，他很有可能是卡利马库斯，马拉松战役时的军事执政官（雅典的指挥官）。战役发生时他正处于黄金年纪，波斯大军抵达马拉松，雅典面临前所未有的巨大威胁，他在关键时刻受命指挥雅典军队。公元前490年，每位雅典人都感到自己处在了生死关头，所以雅典人的这种恐惧情绪不容低估。身处绝境的他们自然而然会选择相信曾经令斯巴达人畏惧战争，且成功摧毁另外两支大军的卡利马库斯。希罗多德所谓雅典人让毫无经验的十将军轮流掌管军事大权的说法实在难以令人信服。一支军队中若拥有10个地位相当的将军，不消多久便会四分五裂。军队最忌讳的就是领导权力的分散，熟悉战争的雅典断然不会犯下如此愚蠢的错误。从这一点来看，最符合情理的推断是，10位出自部落的将军在军事委员会享有一定权力，可指挥军队的权力不包括在其中。他们每天轮流担任当日长官，但需唯军事执政官马首是瞻。

虽然希罗多德将马拉松战役取胜的大多功劳归于米太亚德，但我们必须问几个问题，想必雅典人当初决定指挥官人选时也会这样问自己。目前没有任何资料显示米太亚德在马拉松战役之前曾奔赴战场，对抗组织有序的军队。波斯大军进入斯基泰时，他很可能就在波斯军中，目睹了波斯人上阵杀敌的场景。这样的经历充其量只能证明他是一位军师，而非指挥官。雅典人经过20

第二部分 雅典崛起

多年连续不断的战事,最后将指挥大权交给一名毫无经验的士兵,这有可能吗?

此外,在雅典信任米太亚德的人寥寥无几。他刚一抵达雅典,就因僭主身份和支持波斯之嫌被送上审判庭。这些指控或许是政治斗争的结果,但这一审判让重装步兵对他留下不佳的印象。他们不懂复杂的政治操控,却对米太亚德被指控曾站在波斯阵营里(这件事情的可能性其实极高)而耿耿于怀。由此看来,雅典人不大可能会将军队的最高指挥权赋予一个离开城邦长达20年,并在这期间曾与波斯人结为亲密盟友的人。

为何军事执政官卡利马库斯鲜被希罗多德提及呢?最主要的原因是,他死在了马拉松战役的战场上,斯人已逝,历史地位随之消亡。与之相反的是,米太亚德的儿子西蒙极为优秀,后来登上了雅典政治权力的顶峰。西蒙成年后,便不遗余力地提升父亲名望,让父亲能够青史留名,他甚至会按照自己的意愿撰写历史。希罗多德在雅典依靠向人诵读自己的史书而谋生之时,西蒙已经成为雅典城权倾朝野的人物(他与伯里克利①共同执掌大权)。希罗多德在这时候偏偏要讲述一段与西蒙版本截然不同的历史,自然难免惹祸上身。当然,从这件事情中可以推断出,西蒙多年来费尽心思重写历史,希罗多德甚至依然会保留另类的观点。

---

① 古希腊时期雅典黄金时代颇具影响力的将领、政治家和演说家,被修昔底德誉为"雅典第一公民"。他在军事上颇有建树,还极大地推动了雅典艺术和文学的发展。——编者注

卡利马库斯来自阿提卡，所在地区人民忠诚于庇西特拉图及其家族。到希罗多德生活的时代，佩西司特拉提达伊家族已经名誉扫地，这位历史学家走访所遇之人恐怕很少会说出多少正面言辞。希罗多德很难评价那位马拉松战役时的雅典军队指挥官。此外，希罗多德向来喜欢颂扬后代乐于同他面谈的人物，而贬低后代怠慢于他的人物，或许他根本就是故意将卡利马库斯的功绩抹去。

战胜底比斯之后不久，雅典发生了一件大事：克里斯提尼彻底从历史上消失了。历史学家推断，他有可能成了"陶片放逐制"的受害者，并死于流放期间；也有人说他是自然死亡（他已经到了64岁的高龄）。我无法认同这些观点，因为保萨尼亚斯描述他的雅典见闻时，曾说他在战争英烈陵园里见到过克里斯提尼的坟墓。他的说法应该是不容置疑的，因为公元2世纪保萨尼亚斯参观这片地区的时候，大多坟墓都保存完好。因此，克里斯提尼很有可能死于跟哈尔基斯和底比斯的战争。如果他存活下来的话，希罗多德不太可能丝毫不再提及他。克里斯提尼在与不在，雅典与底比斯和维奥蒂亚联盟其他成员的战争都要继续，即便后者已经遭遇了溃败。公元前506年，底比斯向雅典死敌埃伊纳岛寻求援助，结果只得到了据说会在战场上帮助他们的圣像。底比斯军队及其维奥蒂亚盟友又一次进攻雅典。希罗多德只简单说底比斯人在战争中一败涂地，并未做更多详细介绍。底比斯人对于圣像的神秘力量感到失望，将它们还给埃伊纳，寻求对方给出更

第二部分 雅典崛起

加实际的支持。

作为回应,埃伊纳岛派出舰队直抵阿提卡海岸,一把火将帕勒隆的雅典港口夷为平地,并破坏了众多沿海村落。这场"毫无预兆的战争"发生之后,雅典人向德尔斐神谕询问该如何回应,神谕告诉他们,按兵不动,等待30年后再报仇雪耻。神谕还说,雅典在这个时间之前发动战争也有一定的胜算,但必须要经历漫长的鏖战和惨重的损失。神谕令雅典人极为不快,他们依然决定立刻向埃伊纳岛复仇。雅典人的战前准备正在有序进行之时,突闻斯巴达再次计划出战的消息,于是放弃复仇计划,准备迎战这群最为危险的敌人。

希罗多德记叙道,斯巴达人不久前得知,克里斯提尼贿赂皮提亚,以神谕说服斯巴达人出兵攻击他们的好朋友希庇亚斯,不过这种说法很有可能是斯巴达为了给此次征战正名而捏造出来的。我们之前讲过,斯巴达与德尔斐女祭司关系极为熟络,斯巴达国王不太可能对贿赂之事一无所知。克里昂米尼此时还在记恨雅典卫城投降受辱一事,他不过是借用这种说法来煽动斯巴达和伯罗奔尼撒的人民大众。而且,斯巴达身居高位的权贵人士越发感受到民主雅典的强盛对他们极为不利,所以做出原谅希庇亚斯曾经所作所为的姿态,并将他尊为挚友。斯巴达人(克里昂米尼不在其中)邀请希庇亚斯离开西革昂,同他们一道前去参加伯罗奔尼撒联盟会议。对于斯巴达和克里昂米尼而言,这场会议是完全失败的。科林斯人再次带头反对进攻雅典的计划,雅典再次逃

文明的冲突
THE FIRST CLASH

过一劫。

雅典刚刚在与底比斯的战争中大获全胜，正以饱满的精神和高涨的自信准备攻打埃伊纳岛。上次斯巴达来犯令雅典人惊恐万分，克里斯提尼甚至派人寻求波斯的援助，而现在雅典人毫无畏惧之意。事实上，这个时期的雅典军队拥有跟斯巴达一样强大的实力。希罗多德认为，雅典人战斗能力奇迹般提升是民主在发挥作用，人们为自己而战时，比为任何僭主厮杀都要更卖力，表现也更出色。从现实角度来看，这种提升应该是源于高强度的训练和高水平的指挥。

希庇亚斯向伯罗奔尼撒联盟做出最后请求，希望借助他们返回雅典。联盟成员对此充耳不闻，他无奈之下只得放弃，返回西革昂。不久之后，他前往萨第斯，找到波斯总督阿塔佛涅斯，希望他能帮助自己以僭主身份回归雅典。雅典人听闻希庇亚斯到了萨第斯，即刻派出使者，请求阿塔佛涅斯无视希庇亚斯。不料，阿塔佛涅斯告诉使者，雅典人若不接受希庇亚斯的回归，将会遭到波斯人的严厉惩罚。使者带此消息回国，雅典当即表示拒绝波斯要求，雅典和波斯的敌对历史就此展开。

正在这个关键时刻，爱奥尼亚的希腊人阿里斯塔格拉斯来到雅典，请求他们支持令波斯帝国风雨飘摇的爱奥尼亚起义。愤怒的雅典人不顾阿里斯塔格拉斯被波斯人驱逐的事实，答应给予援助。不久，雅典重装步兵登上 20 艘战舰，决心要与骁勇善战的波斯军队一决高低。

第三部分
初步行动

… (truncated)

第十章
波斯重返战场

公元前513年，"店铺老板"大流士重操他真正热爱的事业——战争。他暂停波斯的经济扩张，裁减波斯的主要野战军力，开启一系列行动，这些行动最终导致了波斯与雅典20年后的大战。历史学家一直都在争论，大流士首先入侵色雷斯，接着攻进斯基泰人，给后者造成毁灭性损失的背后原因是什么。最合理的解释是说，大流士早已计划要向西继续扩张波斯版图。如今，波斯国内局势稳定，其余边界没有动乱，是时候向世界证明他擅长征战了。大流士或许打算将色雷斯作为波斯向西扩张的欧洲基地。征服色雷斯后，接着攻下斯基泰人就是顺其自然的事情，历史上几乎每一次的胜利征战中都会出现类似情形。穿过欧洲之

文明的冲突
THE FIRST CLASH

后，大流士派出舰队从爱奥尼亚的希腊城邦出发，沿黑海西海岸向多瑙河进发。到达目的地后，舰队逆流而上，航行两天时间，在多瑙河的三角洲修建起一座桥梁，等待后续部队到来。色雷斯南部部落慑于波斯大军的威力，未做出任何反抗，大流士此役不战而胜，信心不由大涨。大流士大军逼近多瑙河，在盖塔伊人地盘遇到了第一次真正意义上的抵抗。希罗多德是这样描述这一部落的：

> 盖塔伊人，他们是色雷斯最勇猛最正直的战士，但他们（面对大流士）表现出愚蠢至极的傲慢态度，不消片刻即沦为波斯人的奴隶。

波斯大军攻陷盖塔伊人地盘，穿过多瑙河来到斯基泰人领地。

很遗憾的是，历史上对于大流士渡过多瑙河，进入斯基泰人领地之后发生的事件只有粗略的记载。不同于古代世界绝大多数的重大战役，有关这次入侵的详细记录没能保存下来。我们只能确定一件事情——这场远征可以说是一场灾难。

军队从多瑙河出发行进的时候，大流士将希腊船员留在了船上。希罗多德没有说部分波斯士兵也被留了下来，不过我认为大流士应该会留一支忠诚的波斯军队驻守桥头，在保护桥梁的同时密切注意希腊人的新行动。大流士这样一位能力出众的指挥官，怎会将基地全部交与军中最不可靠的希腊人呢?

斯基泰人事先知晓一支大型军队正在穿过色雷斯,有着足够的时间给予波斯人迎头痛击。波斯人轻松毁灭盖塔伊军事力量后,变得过度自信起来。大流士看到斯基泰人动员以对付他的军队规模之大,他们对领土掠夺之冷酷,以及他们行动之莫测,大概大感震惊。波斯进入色雷斯,遭到对方弓骑兵的不断骚扰,波斯最优秀弓箭手的射程也不及斯基泰弓骑兵。此外,波斯人无法确定敌人踪迹,不能正面与之交战,无处可寻粮草,大流士遭遇了不可想象的困难。他固执地要坚持完成入侵目标,导致波斯大军差点陷入生死存亡的危机。

希罗多德《历史》上记载的最重要事件就发生在这个时候。大流士军队在多瑙河北岸举步维艰之际,一支大型斯基泰骑兵队伍接近桥头堡,命令希腊人摧毁桥梁,返回爱奥尼亚,举兵起义。斯基泰人告诉雅典人,他们将重挫大流士和波斯大军,让他们无力再进攻爱奥尼亚。据希罗多德说,希腊人举办会议专门商讨了该项提议,时任达达尼尔海峡克森尼索半岛僭主的雅典人米太亚德最先说服大多数希腊人,同意摧毁桥梁,却遭到米利都僭主希斯提埃乌斯的反对。希斯提埃乌斯提醒希腊指挥官道,他们都是依靠波斯支持才能坐稳城邦僭主的位置,波斯一旦遭到推翻,他们都会被废黜。希腊人出于自身利益着想,拒绝毁灭桥梁,不过他们拆除了距离北岸一箭之遥的部分桥梁。斯基泰人怒气冲冲地离开,说:

> 这些获得自由的爱奥尼亚人都是一文不值的懦夫；他们最热衷于成为别人的奴隶，心中丝毫没有反抗主人的念头。

大流士费尽辛苦，带领精疲力竭的大军到达多瑙河。黑暗之中，他无法看清桥梁只有部分被毁。随着斯基泰人不断逼近，他有些惊慌失措，随即发现希腊人依然驻守在原地，桥梁靠近北岸的部分也在修复当中。

这件事情之所以如此重要，是因为这是希罗多德第一次浓墨重彩地介绍米太亚德，这位之后据传为雅典救世主的人，这个在马拉松战役中担任雅典最高指挥官，率兵抵挡波斯大军的人。很久之后，他刚一返回雅典，就被送上审判庭，因僭主身份和曾经支持波斯皇帝而受到严厉指控。他为自己辩护的主要论据是，他是唯一支持摧毁多瑙河桥梁的雅典人，如果他的意见得到采纳，波斯大军和他们的皇帝注定要走向灭亡。他的辩护铿锵有力，助他获得了完全出乎意料的赦免。

历史学家一直以来都对米太亚德的说法存在质疑。若他曾主张陷波斯大帝于绝境，之后如何能在大帝手下存活10年之久呢？大流士摆脱危机后，如何能轻易放过这样的叛徒？单凭这一点就足以质疑希罗多德对桥梁附近发生之事的叙述，甚至可以得出另外的结论：米太亚德为给自己争取赦免机会，捏造了上述故事。

米太亚德很有可能是完全支持为大流士守住桥梁的决定。希

第三部分 初步行动

腊人当时肯定已经知晓,大流士在斯基泰人腹地深陷窘境,这在坚守阵地的他们中间引起骚乱,估计在场有足够的希腊人能够制伏大流士留下的波斯驻军,尽管他们并不确定能否成功。博斯普鲁斯海峡附近的希腊城邦,包括拜占庭和卡尔西顿在内,纷纷起兵反叛,证明波斯在斯基泰人领地陷入困境的消息迅速传遍了整个帝国。倘若波斯军队安然无恙地驻在色雷斯附近,这些城邦慑于波斯大军的威力,必然不敢轻举妄动。不过,留在多瑙河河畔的希腊人多坚持片刻就换得了全身而退,如若贸然离开恐怕会置自己于危险境地。最终,将自身利益放在首位的希腊人胜出,决定停在原地。

我们可以从几点来证明米太亚德接受审判时所说情况并不属实。首先,大流士返回波斯以后,迫不及待地要向世人表明,他已经安然回到帝国中心。由于博斯普鲁斯爆发叛乱,他不能经由最便捷的道路回国,而是被迫从塞斯托斯穿过达达尼尔海峡,这里正是米太亚德统治的核心地带。大流士返回西方首都萨第斯的途中,身边只带了寥寥数名贴身卫士,没有米太亚德的忠心支持,他如何能顺利穿过米太亚德的领土呢?此外,这一时期的希腊僭主皆有宿敌,米太亚德尤其如此,而与他仇恨最深的几位敌人当时都在桥头堡。米太亚德如公开号召摧毁桥梁,大流士事后自然会有所耳闻。对敌人向来心狠手辣的大流士回到波斯中心,势必要让米太亚德为自己的言行付出惨痛代价。事实却正好相反,米太亚德不久便返回克森尼索,继续担任僭主之职。之后的至少15年间，他稳坐僭主之位，继续忠心耿耿地侍奉波斯大帝。

大流士匆忙赶赴萨第斯，最后抵达苏萨，留下由波斯将军美伽巴佐斯统领的一支大军，此举很可能是为了避免战争失利的消息引起新一轮内战爆发。这支军队奉命征服色雷斯其余地区之后，重新整装前进。他也曾遇到过顽强抵抗，不过最后成功向西推进，一直到达马其顿边界，迫使马其顿为波斯奉上了土和水，臣服于波斯统治。如此大规模的波斯军队在色雷斯境内横行，说明波斯在多瑙河北岸的损失远没有许多历史学家所说的那么惨重。不过，帝国可能没有其他大型预备兵力来执行其他任务，替代美伽巴佐斯将军之位的欧塔涅斯派遣援军前去镇压拜占庭、卡尔西顿和附近的其他希腊城邦起义是至少两年之后的事情了。

与此同时，大流士对那些在远征中贡献卓越的人予以重赏，其中就有希斯提埃乌斯，他在多瑙河坚定地守卫了桥头堡。大流士询问希斯提埃乌斯想要何种奖励，他提出希望得到并且也确实得到了色雷斯南部的迈尔基诺斯。美伽巴佐斯返回萨第斯时只带了一小支军队，行经这片地区时，他发现此处森林繁茂，银矿丰富。他也注意到，迈尔基诺斯战略位置极佳，是控制爱琴海北方岛屿的关键，所有主要的东西贸易通道都要由此经过，尤其是一条通往金矿丰富的内陆地区的通道。美伽巴佐斯见到大流士之后，说希斯提埃乌斯一旦稳固迈尔基诺斯的统治权，势力可能会过分强大，或许将给帝国造成麻烦甚至威胁。大流士命人带回希斯提埃乌斯，派他去苏萨担任皇室幕僚，从此为他套上无形的华丽枷锁。

接下来的十余年间,波斯帝国的历史始终笼罩着一层迷雾。我们可以猜测,大流士大肆宣传在色雷斯的胜利,重新巩固政权。我们确切知道的是,欧塔涅斯忙于镇压叛乱,平稳北方边界,让军队时刻处于忙碌的状态,无暇产生二心。除此之外,我们对这段历史就没有更多了解了。

不过,帝国内部一些地区始终不甚太平。公元前499年,爱奥尼亚爆发起义。爱奥尼亚请求雅典援助,雅典即刻答应下来。

第十一章
爱奥尼亚起义

公元前 499 年，爱奥尼亚的希腊城邦举兵反抗波斯统治，由此引发东西方的第一次大规模战役。希罗多德对于这场冲突没有给出任何正面评价，认为它的发起欠缺考虑，从一开始就注定要失败。从最后的结果来看，爱奥尼亚的反叛确实过于草率，但波斯耗费 6 年之久，竭尽全力才成功将其镇压，因此希罗多德认为它注定会失败的看法难以令人信服。

起义发生的直接原因很简单。爱琴海纳克索斯岛的执政党被人推翻，他们找到米利都僭主阿里斯塔格拉斯，请求僭主帮助他们重夺大权。阿里斯塔格拉斯知道，对寡头政治的执政者施以援手，自己将有可能控制这座被希罗多德描述为"富可敌国"的岛

第三部分 初步行动

屿。阿里斯塔格拉斯向萨第斯总督阿塔佛涅斯报告,申请他批准自己的行动。阿塔佛涅斯更是热衷于控制爱琴海上最为富庶的贸易城邦,而且那里还可以作为进一步征服希腊的跳板。不过,大规模军事远征非他所能决策的事情,他又向大流士请示。波斯大帝表示同意之后,阿塔佛涅斯集结起一支军队和一支由200艘船只组成的舰队。可惜,这支强大的联合军队在指挥的安排上就绝非明智了,它由阿里斯塔格拉斯和大流士的堂亲麦加巴特斯两人共同统率。

纳克索斯岛向来以贸易著称,每个港口都停泊着船只,聚集着走南闯北的贸易商人,因此很有可能从远征准备工作开始之际就已经得到了消息。远征军抵达目的地时,纳克索斯人早就蓄势待发。长达4个月的围攻战后,阿里斯塔格拉斯久攻不克,只得带兵折返。

阿里斯塔格拉斯作为溃败之役的指挥官,现在陷入了不利境地。他心里十分明白,如果波斯人想为战败找只替罪羊来承担责任,那么这个人非他莫属。据希罗多德说,恰在这个时候,传来希斯提埃乌斯命令爱奥尼亚举旗起义的消息。

希斯提埃乌斯在整个事件中的角色是个未解之谜。他曾是米利都僭主,又是当今僭主(一败涂地的军事指挥官阿里斯塔格拉斯)的岳父。他在多瑙河河畔曾力主保住桥梁,帮助波斯成功逃离灾难般的斯基泰人远征。起初,他获赏于迈尔基诺斯,不久后又被派往苏萨,担任大流士的幕僚。希罗多德极力向我们证明,10年的软禁令他心生怨恨,这段时间里他一直积极酝酿,密谋在爱奥尼亚发动起义。据说,起义爆发后,希斯提埃乌斯说服大流士,若派他返回爱奥尼亚,他必能与起义军达成和平协议。

希罗多德称,希斯提埃乌斯向大流士提出建议时其实心怀鬼胎,他计划返回爱奥尼亚之后亲自指挥起义。然而,一个为大流士守卫了多瑙河大桥的人,一个在碰到天赐良机却拒绝反叛的人,居然在10年之后费尽心思抓住如此渺茫的机会,这样的说法不免让人生疑。希斯提埃乌斯跟波斯其他人不一样的地方在于,他在帝国中心度过了相当长的时间。他的独特地位足以让他清楚认识到波斯紧急动员能力之强。敢于向执掌强权的大帝挑衅的人,不是拥有过人的勇气,就是愚蠢至极。因此,最有可能的情况是,希斯提埃乌斯向大流士主动请缨时,希望能获得更多奖赏,或许还想重登米利都僭主之位。然而,抵达爱奥尼亚后,他深深陷入未能预测到的艰难困境。

且不谈希斯提埃乌斯在起义中扮演的角色,假设我们接受阿里斯塔格拉斯出于个人原因而发动起义的说法,而且他可能得到了返回纳克索斯岛的军队和舰队支持,那么,还有一个问题希罗多德并没有给出答案:为什么米利都和其他爱奥尼亚城邦要响应他的号召呢?

最重要的原因是经济衰退。起义爆发时,爱奥尼亚各城邦很有可能正在面临经济萧条。这些贸易城邦的贸易活动严重缩水,波斯对此负有一定责任,不过主要原因在于大环境的不断变化。

迦太基繁荣强盛，将地中海西部封锁起来，腓尼基的商人在大流士的庇护之下，把爱奥尼亚人从众多地中海港口排挤出去。埃及和黑海海岸各地盛产物美价廉的商品，挤占了爱奥尼亚产品的市场。大流士征用商船和经验丰富的船员，参加色雷斯及黑海沿岸的连绵战事，让爱奥尼亚的贸易活动时常中断。

最后一根稻草是大流士的税收。波斯税收体系发展到这个时期已经十分高效了。爱奥尼亚人的经济状况江河日下，400塔兰特的税费已然是沉重的负担。大流士的投资狂潮早就画上句号，大多税收都被贮藏在位于苏萨的国库，从爱奥尼亚征收来的额外税款则用于负担萨第斯总督的开销。这些税收几乎都没有在爱奥尼亚流通，希腊城邦极度缺乏流动资产。没多久，整个爱奥尼亚的经济发展陷入停滞。

爱奥尼亚人认为，经济之所以陷入停滞，错就错在统治城邦的僭主以及管控他们的波斯人。他们可能已经发现，民主观念正在席卷整个希腊，这股浪潮势必也对他们产生了影响。最后，民族情结也发挥了一定作用。爱奥尼亚人受波斯支配已有50多年，但从未放弃过摆脱外来征服者所施暴政的信念。爱琴海对岸的希腊城邦不断朝自由民主的方向发展，这必然会燃起他们追求独立的渴望。而且，在爱奥尼亚人看来，波斯在纳克索斯岛的失利表明其国力已有减弱，这给爱奥尼亚人种下这样的幻想：既然纳克索斯人都能守住国土，牵制波斯兵力，他们同样可以办到。爱奥尼亚人早已备好火药，而阿里斯塔格拉斯只是那个点燃导火索的人。

阿里斯塔格拉斯刚回到纳克索斯岛，谋划起义的领导者就立刻碰面。他们一致投票支持起义，只有编年史家赫卡塔埃乌斯提出反对意见。他认为大流士积累了巨额财富，爱奥尼亚此时却是捉襟见肘。不过他一人难以扭转投票大局，所以转而建议大家将战争重心放在海上。波斯海军实力较弱。一旦波斯发起围攻，他们还可以通过海路向城内供应补给。他主张起义军首先攻占布朗奇达伊城的宙斯神庙，利用神庙内的财富作为持久战的资本。其他人不愿意做出此等亵渎神灵之事，投票驳斥了他的建议。

起初，一切都很顺利。突如其来的起义令波斯猝不及防，反应未免迟缓。叛军推翻城邦僭主，不过大多时候未将他们处死，而是流放。科伊斯就没这么走运了。他是大流士忠贞不贰的支持者，被米利都人民用乱石砸死。阿里斯塔格拉斯自愿放弃僭主之位，被推选为将军。起义的城邦联合起来，创造标准货币，用于支付士兵酬劳和维护舰队。然而，他们在两个方面没有做到统一，这给他们带来了灾难性的后果。爱奥尼亚人没能创建联合野战军，由一位将军统一指挥。相反，城邦都各自为战，全力进行防守。除此之外，他们还错在没能立刻将起义活动扩张至邻近地区，尤其是达达尼尔、博斯普鲁斯和色雷斯。这是一个严重的错误。他们寻求雅典大陆援助的举动表明，他们知道单单凭借自己的力量无法抵挡或战胜波斯。

阿里斯塔格拉斯不想孤立无援，让兄弟卡罗庇诺斯坐镇指

第三部分 初步行动

挥，他亲自前往希腊寻求斯巴达的援助。抵达斯巴达后，他见到了克里昂米尼国王，以攻入波斯中心的入侵计划吸引了国王的注意，他更是在字里行间流露出波斯不堪一击的意思。他特意带来一张刻有世界地图的铜牌，以图勾起克里昂米尼的野心。阿里斯塔格拉斯在地图上一边比画，一边宣扬波斯堆积如山的财宝是如何唾手可得。克里昂米尼差点就被说动，不过他回去又思考了三天，向阿里斯塔格拉斯提出一个之前没有考虑到的实际问题：从海岸到波斯首都苏萨有多远？听到 3 个月路程的答案之后，克里昂米尼立即结束会谈，打道回府了。没有哪个斯巴达国王会率军从海岸出发，行军长达 3 个月，给希洛人借机起义或伯罗奔尼撒众多敌人侵略的机会。

阿里斯塔格拉斯还不死心，跟着克里昂米尼到了他的家中，奉上 50 塔兰特的贿赂，请求斯巴达军队前往爱奥尼亚。50 塔兰特在当时可是一个天文数字。这时，克里昂米尼的女儿戈耳戈说："父亲，如若您不立刻送走你的客人，他将会以金钱动摇您的立场。"克里昂米尼听闻此言，心情大悦，起身离开房间，阿里斯塔格拉斯随即也离开了。戈耳戈是希罗多德书中为数不多有姓名的女性，而且希罗多德对她总是使用溢美之词。后来，她成为列奥尼达国王的王后，这位国王后来率领 300 斯巴达人坚守在温泉关山口。普鲁塔克对她也是赞誉有加，并引用过她对一个问题的机智回答。"为什么斯巴达女人是唯一可以支配男人的女人？""因为只有我们会生育男人。"

文明的冲突
THE FIRST CLASH

阿里斯塔格拉斯又去了雅典。他抵达雅典的时机正好,因为波斯人的最后通牒刚好送抵。克里昂米尼第二次建立联盟进攻雅典失败后,前任僭主希庇亚斯离开斯巴达,找到萨第斯总督阿塔佛涅斯,寻求他的帮助。雅典使者紧跟着来到萨第斯,试图说服阿塔佛涅斯拒绝希庇亚斯的请求。波斯人回答道,如果他们想在波斯军队手下活命,就必须让希庇亚斯重回僭主之位。阿里斯塔格拉斯刚好这个时候来到雅典,雅典人允许他在公民会议上发表讲话。他的说辞虽未能打动克里昂米尼,但在被波斯激怒的雅典人民身上效果显著。雅典人投票决定,向米利都派出20艘三桨座战船和一小支重装步兵。雅典舰队规模并不庞大,因此20艘船对它来说是个不小的数目。

公元前498年的春天,20艘雅典战船,加上埃雷特里亚的5艘三桨座战船,一道抵达米利都。希罗多德说,埃雷特里亚主动派出5艘战船是为了向米利都人还债,因为米利都人曾在埃雷特里亚同哈尔基斯的战争中出手相助。爱奥尼亚得到增援,决定发起第一次进攻战争。他们的军队自纳克索斯岛一役后尚未解散,又被送上战船,往北方的以弗所而去,由此向位于内陆地区的萨第斯进发,轻而易举地将其占领。不过,阿塔佛涅斯带领一支大型波斯军队,成功守住了卫城。萨第斯的房屋主要以茅草建成,一经点燃,整个城市都化作火海,火灾的发生到底是意外还是有意为之,就不得而知了。大火发生后不久,爱奥尼亚军队遭到驻扎在附近的吕底亚和波斯军队袭击,边打边撤退到了提摩留斯山。晚上，在夜色的掩护下，他们偷偷回到了船上。

波斯人完全没有预料到攻击的发生，这让许多历史学家感到不解。起义几个月前已经爆发，波斯人这段时间里都做了什么呢？很久之后的普鲁塔克在史书中引用了一位希腊作家玛乐斯的吕撒尼亚斯（如果不是他的引用，这位作家的姓名就不会为人所知）的话，说波斯大军未能及时守卫萨第斯，是因为他们在集中镇压起义中心米利都的军事活动。这一说法并没有可靠的证据支撑，但大多历史学家表示认同。然而，它的可信度并不是很高。阿塔佛涅斯为了将起义扼杀在摇篮里，很可能会集中所有兵力，向起义总部米利都发动快速突击，这场匆忙组织的远征旨在彻底扑灭起义。一方面，戍守城墙的是曾参加过纳克索斯战役的将士，另一方面，波斯军队没有携带足够的供给，不具备展开围攻战的条件，因此必须速战速决。他们很可能面对着一支规模比自己大得多的队伍，必须尽可能规避在开阔的地方决战。如果雅典人抵达米利都的时候波斯大军已经到来，起义军放下自己的城池不管，却乘坐战船前去进攻萨第斯，这种说法实在难以令人信服。根据我们对希腊作战策略和重装步兵传统的了解，如果希腊人发现敌方做好了交战准备，他们肯定会同米利都军队一道，立刻投入战斗。希腊军队不太可能会放弃与兵临城下的敌人作战的机会。

萨第斯被烧为平地之时，波斯大军到底身在何方呢？答案是他们肯定就在城中。希腊军队被逼退至提摩留斯山，是因为担心波斯人的报复，直到晚上才偷偷逃走，他们所惧怕的不太可能是愤怒的当地人的报复。大流士称波斯人一路紧密围追撤退的希腊军队，并在以弗所追上了希腊人。希腊人只好转身迎战，结果遭遇惨败……希罗多德说："波斯人对希腊人进行了残酷的屠杀……幸存的希腊军队就地解散，士兵纷纷逃回各自城邦。"由此可见，希腊军队彻底溃败。就连雅典人也乘坐战船回家，拒绝参与任何进一步的行动。雅典和爱奥尼亚的联合军队的确给了波斯人一次出其不意的突袭，但也遭到对方猛烈的回击。

大流士得知一支雅典军队也参与了烧毁各省首府的行动之后，询问他们去了哪里。得到答案之后，

> 他拿起一张弓，搭箭于弦上，直射向天际。箭矢升上天空，他仰头说道："宙斯，请允许我惩罚这些雅典人的恶行。"说完这些，他命令侍从在每餐饭前都要重述三遍："主人啊，不要忘了雅典人的罪行！"

雅典人和埃雷特里亚人从亚洲撤走，很长时间都未曾再次涉足这块领土，可他们放火烧毁萨第斯的举动激起了西方诸国对这片波斯土地的无限渴望。好战的卡里亚人与拜占庭和达达尼尔海峡诸多城邦都加入了起义行列。塞浦路斯一位僭主的兄弟欧内西洛斯举全岛之力加入起义，并围攻了阿马苏斯（主要由腓尼基人居住的城市）。波斯对塞浦路斯的起义反应十分迅速，因为这里

控制着腓尼基至爱奥尼亚的通路，一旦失去，将导致巨大的战略性失利。

波斯人至此终于意识到起义的范围之广、威胁之严重，从昏睡中苏醒过来，立即动员整个帝国的资源，首先将目标锁定为塞浦路斯。欧内西洛斯围攻阿马苏斯时，听说一支腓尼基舰队和波斯军队正在西里西亚整装待发。塞浦路斯人感到大事不妙，赶紧向爱奥尼亚人求助，爱奥尼亚人也毫不犹豫地派出舰队援助。

可惜爱奥尼亚人没能帮得上忙。他们到萨拉米斯（现在的法马古斯塔）港口时，波斯人已经从该岛北岸登陆，经由陆地到达萨拉米斯。与此同时，腓尼基舰队包围了塞浦路斯的要塞，形成战斗阵形。希罗多德在此并未对擅长海战的爱奥尼亚人细细描述。腓尼基人 3 年未曾参战，不难预测即将惨败的命运。但是，陆地战争对起义军极为不利。欧内西洛斯带领军队在岛屿的中心平原某处整装待发，很可能还有大量塞浦路斯人在他们的阵营里。然而，欧内西洛斯将要面对的是一支职业军队，对于敌方士兵而言，战败意味着必死无疑，他们绝不会手下留情。艰苦的鏖战之后，起义军杀死波斯指挥官，结果有人中途叛变，改变了整个局势。一个当地僭主带领军队从战场逃走，塞浦路斯战车紧随其后，由此引发了一场大溃败，不久之后，塞浦路斯各个城邦纷纷弃甲投降。唯一例外的索洛伊坚持了 5 个月之久，直到波斯人毁其城墙，将整个城市洗劫一空。爱奥尼亚舰队无力改变陆地局势，早已起程返回。

波斯忙于夺回塞浦路斯的同时，也不忘在帝国各处征召士兵。现在到了公元前496年，新兵源源不断地被输送至战场。有了兵力增援，阿塔佛涅斯想出一个让爱奥尼亚失去最新盟友卡里亚和达达尼尔各城邦的战略。3位波斯将军，达乌里塞司（大流士的女婿）、西米厄斯（据说是他将希腊人赶出萨第斯并在以弗所大败雅典军队）以及欧塔涅斯（10年前在色雷斯取代美伽巴佐斯成为指挥官）奉命执行新的任务。

这一年的征战从达乌里塞司率军进入达达尼尔开始，他在那里遇到顽强抵抗，战事进展极为困难。五座城邦——达尔达诺斯、阿拜多斯、佩尔科特、兰普萨库斯及派索斯——持续抵抗多时才不得不投降。达乌里塞司尚未完成这一地区的任务，又被命令率军南下，镇压卡里亚起义。他带兵离开，远在东方作战的西米厄斯已经攻下基奥斯，马尔马拉海（希罗多德称它为普罗庞提斯海）南岸的重要城市，接着挥师直入达达尼尔，征服坚持起义的诸多城邦。

久经沙场的波斯职业军队轻而易举地击败了希腊人，但卡里亚人是个例外，他们可以说是当时的"野鹅"。英国历史学家乔治·比尔多·格伦迪曾说："卡里亚人虽是业余战士，但他们中的许多人曾经亲历诸多战役，是那个年代备受幸运女神宠爱的士兵。这个种族有种莫名的狂热，曾在不同时期驱使一些勇敢民族的人在不属于自己的争斗中谋生计。"达乌里塞司将要面对就是这样的对手，终于，双方在马西亚斯河岸碰面了。希罗多德说，

第三部分 初步行动

这场战争耗时长久，战况激烈，结果波斯人大胜卡里亚人，2000波斯人死于战斗，卡里亚人伤亡则高达一万。

据说，陷入绝境的卡里亚人先是逃走，待附近的米利都派兵前来增援，联军又勇敢地同波斯人继续正面交战。据希罗多德记载，卡里亚人在第二次战役中的伤亡更为惨重，米利都人也在这里遭受了迄今为止最为惨烈的损失。之后发生的事情让人不禁对希罗多德关于这两场对战的描述产生怀疑。战争结束后，波斯人继续朝卡里亚城邦进发，不料在夜间中了重组的卡里亚军队的埋伏。希罗多德是这样描述的："他们不小心掉入陷阱，气绝而亡……波斯人死在了这里。"波斯的顶级指挥官们，包括达乌里塞司在内，无一幸免。这恐怕是波斯军队遭遇的最为惨痛的失败，而这不免让人想到一个问题，希罗多德称卡里亚人在前两场战役中都被彻底击溃，他们如何能够让波斯大军覆灭呢？所以，我们可以推测，卡里亚人在之前两场战争中是被击败，但伤亡并没有希罗多德所说的那么严重。而且，第二场战役的伤亡人数主要来自米利都，卡里亚人所受损失相对轻微。打完两场苦战，波斯必定也元气大伤。希罗多德没有给出这些事件发生的年代，不过遭受重创的波斯军队应该需要一些时间来恢复力量，也就留给卡里亚人足够的时间进行重组，在波斯人重新踏上行军路途之时，为他们准备了一个毁灭性的欢送仪式。

波斯征战卡里亚的同时，阿塔佛涅斯正同欧塔涅斯率军西行，前去爱琴海。他们没过多久便攻下爱奥尼亚的库梅城，明显没有遇到顽强抵抗。波斯这一大胆行动成功将爱奥尼亚分为两半,彻底切断了南北爱奥尼亚城邦的联络。阿里斯塔格拉斯陷入绝境。达达尼尔海峡和博斯普鲁斯海峡的全部或者大部分城池重回波斯人手中。此时,达乌里塞司的军队尚未覆灭,卡里亚的形势也极为不妙。援助卡里亚的米利都军队幸存者回国之后,散播了波斯如何强盛的传言,大大打击了参与起义的主要城邦的士气。起义面临失败之际,希罗多德笔下的阿里斯塔格拉斯表现得像十足的懦夫,他匆匆逃向迈尔基诺斯,结果死于同色雷斯人进行的战争。现代历史学家对于阿里斯塔格拉斯比较仁慈,称他的潜逃是为了创建新的反叛据点,而迈尔基诺斯拥有得天独厚的位置和资源,可以向爱奥尼亚提供食物与白银。

正是在这个时候,希斯提埃乌斯(因守卫多瑙河桥梁而扬名)来到萨第斯,说服大流士派他前去爱奥尼亚与起义军谈判,试图达成和解。在受到总督阿塔佛涅斯接见时,他表达了自己对于爱奥尼亚胆敢反抗波斯仁慈统治的震惊之情。阿塔佛涅斯并不十分信任希斯提埃乌斯,回答道:"希斯提埃乌斯,既然你要演戏,那阿塔佛涅斯就送你上场。"如若阿塔佛涅斯手中握有任何证据表明希斯提埃乌斯心怀不轨,以他与大流士的亲密关系,希斯提埃乌斯必定会无功而返,甚至可能当场丧命。不过,阿塔佛涅斯的指责足以逼迫他从萨第斯逃往海岸。到达希俄斯岛后,他马不停蹄地求见当地领导者,声称他从一开始就支持爱奥尼亚起义,打消当地人对他心怀鬼胎或实为波斯人说客的怀疑。

第三部分　初步行动

在希俄斯岛安顿下来之后，他曾试图与萨第斯的几位波斯人取得联系。他知道这些人倾向于和解，或者愿意反抗阿塔佛涅斯。然而，他的信使实际上是个间谍，将他所有的信件统统交与阿塔佛涅斯。阿塔佛涅斯命信使将信件如约送出，并向他报告收信者的反应。阿塔佛涅斯很快就获得了打算背叛他之人的准确名单，残忍地对这些人处以极刑。这一排除异己的整肃活动，加之波斯一支主力野战军在卡里亚覆灭，很有可能就是波斯在公元前495年未能有效守护首都的原因。不过，一次军事行动的不佳表现并不代表波斯军队是懈怠迟缓的。面对在战场上难以战胜的对手，波斯人采用了屡试不爽的策略：买通不堪疲累的卡里亚人，说服他们重新接受波斯统治，允许他们争夺并大量占有曾经的盟友米利都的财产。波斯加强动员工作，重建野战军队，在腓尼基组建强大的舰队，爱奥尼亚起义的前景更加堪忧了。

希斯提埃乌斯因在萨第斯起事的企图被阻，后请求希俄斯人支持他返回米利都。但是，刚刚从阿里斯塔格拉斯的魔爪中重获自由的米利都人不愿再落入前任僭主之手，向他关闭了城门。他晚上试图发起强攻，在混战之中不慎受伤。希斯提埃乌斯费尽力气回到希俄斯岛，发现那里也不再欢迎他了。之后，他又前往莱斯博斯岛，说服这里的人相信他对起义事业的忠诚，得到8艘三桨座战船的支持。然而，他并没有指挥船只前去支援爱奥尼亚的城邦以助其度过战争中的最大危机，而是驶向拜占庭，在那里做起了海盗，反而给爱奥尼亚起义造成不小的麻烦。

文明的冲突
THE FIRST CLASH

波斯人成功镇压爱奥尼亚起义之后,俘获了正在带领小队海盗成员掠夺食物的希斯提埃乌斯。阿塔佛涅斯命人将他带到自己面前,他不希望这个希腊人未来某天说服大流士赦免他,于是立刻将他刺死。

公元前495年,希斯提埃乌斯正在马尔马拉海兴风作浪的时候,爱奥尼亚和波斯都在忙于准备最后的决战。此时,只剩下米利都领导的8座爱奥尼亚城邦和为数不多的爱琴海岛屿还在坚持战斗,他们面对的是黎凡特、埃及、西里西亚和塞浦路斯的600艘战船组成的超级联合舰队。波斯大部队在萨第斯蓄势一年之后,也朝战场进发。没了达达尼尔和卡里亚的干扰,阿塔佛涅斯可以集中全部力量来对付他的主要敌人——米利都。

希腊人竭尽全力,组建起规模庞大的海上舰队。希罗多德准确记录了继续战斗的每个城邦所贡献的战船数量:

米利都	80艘
普里耶涅城	12艘
迈欧斯	3艘
提欧城	17艘
希俄斯	100艘
埃里斯莱	8艘
福西亚	3艘
莱斯博斯	70艘

第三部分 初步行动

萨摩斯	60 艘
总计	353 艘

几个爱奥尼亚城邦只贡献了寥寥数艘战船，很可能是出于留下大批人马戍守城池的需要。米利都是波斯的首要目标，他们知道决战必定是在海上进行，因此将所有兵力部署在了 80 艘战船之上。卡里亚人退出之后，希腊没有在陆地部署任何兵力，由每个城邦负责守卫自己的城池，将所有希望都寄托在了舰队身上。舰队在拉德（邻近米利都海岸）安营扎寨，等待决战的到来。

波斯人终于来了。不过，在与卡里亚人打交道的过程中，他们学会了有用的一招，就是承诺给予持续两个世纪的好处，有太多雅典城邦甘愿接受他们的收买。波斯人担心遭遇上次在塞浦路斯对战中打败他们的大型希腊舰队，所以暂时按兵不动。他们让被废黜的爱奥尼亚僭主与各自以前的城市军队接触，承诺如果他们放弃反抗，就可以得到宽大处理。僭主给出胡萝卜的同时，又对他们举起极具威胁性的大棒："否则，你们将会成为奴隶，被关押起来，你们的儿子将会变为宦官，你们处子之身的女儿将会被送到巴克特里亚，任由他人玩弄。"

波斯人一边等待胡萝卜加大棒的秘密政策起效，一边密切关注着希腊舰队的操练。起初，希腊人每天要花费大量时间辛苦训练，不久后却露出懈怠之意。按照希罗多德的说法，希腊船员一生都在辛勤的操练中度过，早已对此生厌，后来甚至发展至拒绝训练的地步。他们声称,福西亚仅仅贡献了三艘战船,福西亚将军狄俄尼西奥斯没有资格指挥舰队。

我们该如何理解这种情形呢?希罗多德称,爱奥尼亚人厌倦练习,这种说法似乎不能令人信服。要想了解真相,我们必须站在爱奥尼亚人的角度来看。经过五年鏖战,他们距离赢得独立自主反而越走越远。尽管现在他们给敌人的军队和战舰都造成了严重打击,但波斯人丝毫没有灰心丧气,依然坚持作战。波斯以极大的耐心重整军队,实力相比以前有过之而无不及。希腊人费尽力气却只发现,失败意味着毁灭,胜利换来的或许不过是一支更加强大的波斯军队。到这个时候,波斯军队可能已经包围了米利都,并成功控制海岸。为5万海军提供粮食本非易事,波斯兵临城下,又彻底切断了食物供应,船员不消多久便会面临补给不足的窘境,自然会对指挥官心生不满。几百艘战船挤作一团,生活环境极不卫生,简直是绝佳的疾病孵化器。这样的环境必定会催生争吵、矛盾和冲突。此时的希腊人士气低迷,食不果腹,饱受疾病肆虐的痛苦,当然更难拒绝波斯提供的诱人条件了。

萨摩斯舰队秘密告知前任僭主,他们做好了弃战准备,波斯认定自己的前期工作已经奏效,波斯主帅达提斯率领舰队主动出击。达提斯后来在马拉松战役中担任指挥官,后起之秀马铎尼斯任副指挥。希腊的353艘战船排成一列,至少长达2英里。米利都的80艘战船排列在东侧距离米利都最近的位置,普里耶涅城、迈欧斯、提欧、希俄斯岛、埃里斯莱、福西亚、莱斯博斯岛的战船在右侧依次排开,最后由萨摩斯岛的战船驻守于舰队西侧。

双方逐渐逼近,灾难突降希腊舰队。波斯人借风前行的同时,萨摩斯人直接掉头回国。莱斯博斯人发现自己被暴露在外,也选择逃亡。等待其他希腊舰队的是一场厄运。战士们奋力杀敌,经过一番拼争,最终战死海上,其中,提欧人的表现尤为英勇。

战争结束以后,希腊的幸存者在以弗所登陆,当地人误以为他们是来掠夺以弗所女人的入侵者,表现出在波斯人面前从未有过的勇猛和残忍,屠杀了精疲力竭的提欧船员。有意思的是,以弗所没有派出任何战船加入聚集在拉德的爱奥尼亚舰队,恐怕是早已与波斯人达成协议,而且企图通过杀戮提欧船员来讨得大流士的欢心。他们误以为提欧船员是入侵者而将他们残忍杀害的故事很可能只是托词,因为到了后来,他们承认帮助过波斯人不会再给他们带来什么好处了。希罗多德记载道,希腊主帅狄俄尼西奥斯冲破波斯战线,带着三艘战船逃脱至西西里岛,从此过上了海盗的生活,但他从未劫掠过希腊船舶,只抢劫迦太基和伊特鲁里亚的船只,为自己积累了可观的财富。

海战大获全胜,解决爱奥尼亚起义就很好办了。波斯很快攻下了米利都。作为领导起义的城市,它遭受了尤为严酷的惩罚,大多居民或被屠杀,或沦为奴隶。攻陷米利都以后,波斯人只需做些简单的收尾工作。剩下的爱奥尼亚城邦要么投降,要么也被迅速攻下。起初，波斯人兑现了当初的威胁，实行恐怖政策。据希罗多德说：

> 征服起义的城邦之后，波斯人挑选出城内最清秀的男孩，割除他们的睾丸，将他们变为宦官；将城内最美丽的处女送给皇帝。向城内居民做出极端残忍的行径以后，波斯人一把火烧毁城市和神殿。爱奥尼亚人曾沦为吕底亚的奴隶，如今再度沦为波斯的奴隶。

后来的历史资料很有可能夸大了波斯人的报复行径（米利都除外），因为没过多久一切又恢复正常。仅仅在14年之后，大流士的继任者薛西斯就征召爱奥尼亚士兵，参加公元前480年入侵希腊的战役，足以说明他对爱奥尼亚人的忠心有相当大的自信。公元前492年，在拉德战役中担任副指挥的马铎尼斯废黜不久前上任的爱奥尼亚僭主，开始推行民主政治，此举必定令爱奥尼亚人大为震惊。值得注意的是，这里所谓的民主政治其实还是由国王和总督统治。这种表里不一的情形在历史上屡见不鲜。不过，爱奥尼亚人对于表面上的民主毫无怨言，无人关心权力真正落入谁手。

马铎尼斯掌管的军队由新兵和大量不愿退伍的老兵组成，波斯招募新兵的初衷或许是镇压可能会再持续一年的爱奥尼亚起义。他率军抵达达达尼尔，进入色雷斯境内。色雷斯在爱奥尼亚

第三部分 初步行动

起义期间宣布已经脱离波斯统治。起初,一切进展顺利,该地区大多城邦和部落纷纷主动投降,马其顿人亦是如此。希罗多德语带轻蔑地说,马其顿人"变成了波斯人的奴隶"。希腊人传说,马铎尼斯的真正计划是进军希腊,惩罚埃雷特里亚和雅典,不料于公元前492年遭遇两场灾难,计划被迫搁浅。

马铎尼斯的舰队正在阿索斯圣山下的湍急水域里航行时,阵阵强劲的东北风袭来,300艘战船和大批船员葬身茫茫深海。他的军队在陆地也出师不利。波斯军队在马其顿露营时,遭到未投降的色雷斯部落比洛吉突袭。据希罗多德说,比洛吉"屠杀了很多(波斯)士兵,甚至刺伤马铎尼斯"。后来的雅典传说很有可能夸大了这两场灾难的严重性。希罗多德也说,马铎尼斯在手刃众多比洛吉部落成员,并将其他人变为奴隶之后才率军离开。这个时候已是季末,马铎尼斯不大可能入侵希腊,也没有证据显示他为此做了任何准备。一支庞大的军队逼近边界线,希腊人可能是感到危机潜伏,不由得怀疑波斯试图发动侵略。马铎尼斯的唯一任务其实就是在曾经受制于波斯的地方加强统治,而他完美地完成了这个任务。

大流士还未忘记雅典人和埃雷特里亚对波斯施加的屈辱。他在帝国所有海岸线上加紧建造船舶,建立巨型舰队,甚至还有骑兵专用船舶。波斯全国忙于修建船舶的同时,达提斯将军开始着手召集参加过镇压爱奥尼亚起义和马铎尼斯远征的将士。大流士组建起一支勇士之师后,派遣使者前往爱琴海岛屿和希腊大陆城市，要求他们臣服于波斯帝国。结果，许多城邦都愿意臣服，向大流士送去了土和水。

而斯巴达和雅典杀死了波斯使者。于是，一场恶战便无可避免了。

第十二章
斯巴达拯救希腊

雅典人不再像一开始那样对爱奥尼亚起义进行干涉后,雅典和斯巴达都坚定拒绝了所有希腊兄弟城邦派兵救援的请求。古代资料从未说明雅典和斯巴达为何都不愿接受友邦援手,因为波斯的下一个目标铁定就是希腊。于斯巴达人而言,很可能是因为畏于波斯帝国的强大,而且他们不愿派遣军队长途跋涉 90 天去深入亚洲腹地。从雅典方面来看,许多雅典人反对同波斯公然作对的政策,第一次远征在烧毁萨第斯之后彻底失败,让这些人的观点得到了更为广泛的拥护。

毫无疑问,上述两个原因与雅典和斯巴达做出不予出兵的决定有一定关系。然而,他们坚持让军队驻守自家城门还有更为迫不得已的理由。多年前,斯巴达未能集结伯罗奔尼撒联盟成员共同进击雅典,遭受的不仅是外交上的失利,更是得到一种警示。斯巴达在伯罗奔尼撒积怨最深、危险最大的敌人阿尔戈斯已经复兴,并有磨刀霍霍蓄势待发的架势。伯罗奔尼撒的其他城邦若是选择寻求阿尔戈斯的支持和庇护,斯巴达将失去其霸主地位,无法迫使他们服从自己的意愿。公元前431年,伯罗奔尼撒战争爆发之初,科林斯就亲身证明了这一点。不过,回到公元前496年,当时所有盟国联合反抗斯巴达的意志,肯定是出于一个重要原因,虽然我们尚不清楚这原因是什么。克里昂米尼知道,斯巴达要想坐稳霸主地位,必须再次折服阿尔戈斯,而斯巴达军队是实现这一大业的保障。此时的雅典也并不好过。底比斯和哈尔基斯虽表达了求和的意愿,埃伊纳岛却作势要与雅典抗争到底。雅典人必须首先平定北疆蠢蠢欲动的底比斯,弄清楚斯巴达的意图所在,再去专心对付埃伊纳岛。最后,它成功地让埃伊纳岛安稳下来。埃伊纳岛的海军在这片地区首屈一指,雅典为了建设能与之抗衡的海上力量,需要数十载的苦心经营。

波斯人深谙雅典重重矛盾的内情,毫不犹豫地使用了经实践证明卓有成效的外交策略。早在战争爆发之前,波斯就挑起了自己潜在敌人的互相争斗。马拉松战役发生的前一年,埃伊纳岛向波斯奉上土和水;公元前480年波斯入侵时,阿尔戈斯与底比斯一道宣布服从波斯统治。波斯成功镇压爱奥尼亚起义后,必将派出大批军队入侵希腊,雅典和斯巴达都很清楚这一点,因此必须首先平定内乱。战胜波斯帝国的希望本就十分渺茫,斯巴达和雅典必须确定自己全力应战之时不会遭到希腊城市的背后突袭。应对波斯的猛攻之前首先要稳定国内形势,而斯巴达在这个时候为希腊免于被波斯奴役做出了重大贡献。

距斯巴达 300 勇士和阿尔戈斯人对决已经过去了 50 年,当时,双方的主力军队曾进行过激烈交战。战后,阿尔戈斯军事大国地位不保,还被迫将提里亚割让给斯巴达。按照斯巴达传统,出于对神明的敬畏,克里昂米尼要事先向德尔斐神谕寻求进攻阿尔戈斯的建议。一向以模棱两可著称的神谕这次给出了再清晰不过的回答:克里昂米尼将会击败阿尔戈斯。

公元前 494 年,克里昂米尼再次率斯巴达大军亲征。这次,斯巴达人没有召唤任何伯罗奔尼撒盟国的援助,决心凭借一己之力打败敌人。克里昂米尼领军来到距阿尔戈斯南部约 3 英里之遥的埃拉西诺斯河,只见阿尔戈斯的重装步兵早已整装待发,准备与渡河之后的斯巴达人一决生死。克里昂米尼命人供奉祭品,询问神的旨意。结果他得到的答案是,河流不希望斯巴达人现在渡河,对此他说道:"它真是爱国。"

克里昂米尼既不愿挑战预言权威,又不打算放弃征战。事实上,他早就找好了一条直接进入阿尔戈斯的道路。埃拉西诺斯河对岸的阿尔戈斯人对不祥的预言一无所知,依然坚守原地,克里昂米尼却率兵悄悄离开埃拉西诺斯河,朝提里亚海岸而去。埃伊纳人以及西库昂①人的舰队正等着要运送斯巴达人穿过海湾，抵达纳夫普利翁，来到阿尔戈斯军队后方。这些舰船能在合适的时间出现在合适的地方，可见克里昂米尼的这场征战是经过深思熟虑的，事先进行了长达数月乃至数年的精心筹备，同时也能够说明，斯巴达人佯装渡过埃拉西诺斯河，或许只是为了迷惑阿尔戈斯军队，掩护斯巴达人的真正进攻。从这件事情看来，克里昂米尼可能为了得到自己想要的神谕而贿赂过神职人员，不过这种做法与斯巴达人一贯的虔诚表现有所不符。

斯巴达人抵达军队后方的消息传到阿尔戈斯军中时，大军已经到了梯林斯，部署在塞皮亚。双方连续几天均原地观望彼此，无一方主动开战。克里昂米尼注意到，阿尔戈斯军队总是固守一种模式，可以利用这一点来击败他们。时间一天一天过去，两军总是以防御姿态从早晨站到午饭时间（那时的人不吃早餐）。克里昂米尼惊喜地发现，阿尔戈斯人很快开始模仿斯巴达军队。阿尔戈斯士兵听到斯巴达人吹响号角，就知道斯巴达士兵要开始新一天的准备了。斯巴达号角声呼唤士兵集合时，阿尔戈斯人也集结整队；斯巴达号角声宣布晚餐开始时，阿尔戈斯人也解散队列，享用晚餐。在计划好的那天，斯巴达人按照惯例吹响了集结的号角。这一整天的时间里，双方士兵在炎炎烈日的烘烤下依然形成对峙之势，汗水在烈日下闪闪发光。晚饭时间到了，斯巴达

---

① 古希腊城邦，位于伯罗奔尼撒北部。——编者注

的号角也如约响起。两军都解散队列，开始食用晚餐。然而，在毫无征兆也未发出任何信号的情况下，斯巴达人迅速集合，向敌军进击。对此没有任何准备的阿尔戈斯军队未能组成方阵迎战，彻底溃败。

普鲁塔克对这场战争给出了不同的说法。按照他的记载，阿尔戈斯人请求并获得了为期7天的休战，但在休战第三天的晚上，斯巴达人发动突袭。后来，有人指责克里昂米尼违反约定，他回应说，自己确实与对方达成了在白天休战的协议，但并未约定晚上不能发起军事行动。同时，在被问及为何没有屠杀所有阿尔戈斯人时，克里昂米尼答道："哦，我们不会将他们一网打尽，还要留一部分让我们的年轻人去磨炼作战技能哪。"

阿尔戈斯的幸存者退回神圣的阿尔戈斯树林，畏惧神明的斯巴达人只好停下追赶的脚步。他们把树林围堵起来，克里昂米尼详细盘问几个叛逃者，得到了藏身树林间的阿尔戈斯人的姓名，命令传令官向树林中的人大喊这些名字，告诉他们，有人已经为他们支付了赎金，他们可以安然离开。树林里的人一个一个走出，结果纷纷死在斯巴达人的屠刀之下。大约50人惨遭杀戮而死后，阿尔戈斯人才意识到真相，拒绝走出树林。克里昂米尼绞尽脑汁，又想出一个主意，命随军出战的希洛人在树林周围堆起木头，点火烧了起来。如此一来，烧毁神圣树林的罪孽（以及伴随的诅咒）都会落在希洛人身上，与斯巴达人毫无干系。这一残忍至极的行径过后，累计约6000名阿尔戈斯重装步兵死在了战场

文明的冲突
THE FIRST CLASH

之上和烈火之中。斯巴达摧毁了阿尔戈斯的有生力量，阿尔戈斯直到数十载后才重新振作起来。

现在，斯巴达成为伯罗奔尼撒无可争议的霸主，拥有希腊最为强大的军事力量。公元前491年，雅典向斯巴达派遣使者，请求斯巴达人协助自己解决与埃伊纳岛的争端，可见雅典也承认斯巴达的霸主地位。埃伊纳岛这时也是伯罗奔尼撒联盟的成员之一，它派出舰队帮助克里昂米尼向阿尔戈斯军队发起迂回进攻就可以证明这一点。不过，它也是一个贸易城市，与波斯帝国海岸之间具有重大利害关系。因此，大流士的传令官在爱奥尼亚起义溃败之后抵达埃伊纳岛，要求埃伊纳岛奉上水和土，埃伊纳岛人唯有屈从。雅典人确信，马铎尼斯在爱奥尼亚起义失败之后进军色雷斯，实质上是波斯进攻希腊的前兆。那场征战虽在阿索斯山下遭遇灾难性的失利，但雅典人发现波斯人正在打造舰队，并在爱奥尼亚集结军队，目标直指雅典。在雅典人看来，埃伊纳岛屈从波斯的统治，意味着埃伊纳岛将在雅典与波斯大敌对抗的时候，在雅典（及希腊）的背后狠狠刺上一刀。斯巴达人对埃伊纳岛的意图也甚为担忧。克里昂米尼决定，逼迫埃伊纳岛放弃不轨的图谋。

他独自一人（很可能有精英护卫陪同）前往埃伊纳岛，要求埃伊纳岛奉上人质，以确保它不会为所欲为。然而，斯巴达的另一位国王德玛拉托斯破坏了这个计划。他向埃伊纳岛的统治者克利俄斯传送消息，说自己并不支持克里昂米尼此次的行动。我们

第三部分 初步行动

只能猜测,德玛拉托斯是否对克里昂米尼恨之入骨,所以才不遗余力地反对他提出的任何政策。假设德玛拉托斯是一个忠于斯巴达的人,唯一的另一种解释就是,他认为斯巴达将无法抵挡强大的波斯。无论出于何种原因,他都成功破坏了克里昂米尼的计划。克利俄斯询问克里昂米尼,其他斯巴达人是否全力支持他,并质问他是否因为收受雅典的金银贿赂才会如此。克里昂米尼一方面缺少国内的支持,一方面也只带了寥寥数名士兵,不得已只好放弃。起身离开之前,他以克利俄斯(这个名字的意思是"公羊")的名字戏谑地说,让他"为羊角镀金,享受当下"。在举行祭礼的时候,希腊人会先为公羊角镀金,然后将其屠杀。德玛拉托斯的行径再度令克里昂米尼蒙受屈辱,他愤而回国,决心废黜这个国王。

德玛拉托斯出生后,他的父亲阿里斯顿正在与五长官会面。收到他出生的消息,阿里斯顿用手指掐算自己结婚的时间,断定这不可能是自己的儿子。之后,他又认定德玛拉托斯是早产儿,但心里就此埋下了怀疑的种子。克里昂米尼决定利用这个怀疑,公然宣称德玛拉托斯不是名正言顺的国王。列奥提西达斯为克里昂米尼提供了协助,按顺序他既是下一个王位继承人,又与德玛拉托斯结有深仇。审判时,列奥提西达斯不但亲自起诉,而且发誓说德玛拉托斯并不是阿里斯顿的亲生儿子。审判结束,斯巴达人尚未做出定论。在克里昂米尼的建议之下,他们派使者前去德尔斐询问皮提亚。克里昂米尼提前已做好铺垫工作,因此得到德玛拉托斯并非阿里斯顿之子的神谕也就在意料之中了。于是，斯巴达人废黜了德玛拉托斯。不久之后，难以忍受列奥提西达斯奚落嘲弄的德玛拉托斯离开斯巴达，前往波斯宫廷。他再次出现在人们的视野时就到了公元前480年，当时他正为入侵希腊的薛西斯担任谋士。

在列奥提西达斯的陪伴下，克里昂米尼马不停蹄地返回埃伊纳岛。在两位国王意见相左时与斯巴达对抗是一回事，当他们意志统一时则完全是另一回事。克里昂米尼顺利地将克利俄斯和9名埃伊纳领导者带走作为人质。不过，他并未将这些人带回国，而是带去埃伊纳岛的死对头雅典那里。希罗多德说，克里昂米尼返回斯巴达后，斯巴达公民大会发现了克里昂米尼为废黜德玛拉托斯曾贿赂过皮提亚的事实。为躲避惩罚，克里昂米尼逃离斯巴达，去了阿卡狄亚，在那里策划针对斯巴达的反叛。关于这个事件我们所知道的仅限于此，推断来看，他并不想冒险鼓动希洛人发动大型起义，他的真实意图应该是要筹集一支足够强大的军队，逼迫斯巴达人请他回国继续担任统治者。斯巴达人希望他回国的消息传来之时，他必定以为自己的计划奏效了。然而，他一踏入斯巴达国土，就被囚禁起来，最终可能是死于自杀，也可能是遭到杀害。按照希罗多德的说法，斯巴达人之所以将他关押起来，是因为他大量饮酒，导致精神错乱。他不断威胁身边的希洛人，命这个希洛人为他拿来刀，并用这把刀结束了自己的生命。无论克里昂米尼死于何种原因，对于这个带领斯巴达走向希腊最

第三部分 初步行动

强盛城邦的伟大国王而言,这样的结局终究称不上光彩。

埃伊纳人得知克里昂米尼已死,立刻派使者团前去斯巴达,谴责列奥提西达斯将埃伊纳最重要的几个人物拱手让给他们最痛恨的雅典人,而此前埃伊纳一直都是伯罗奔尼撒联盟中表现良好的成员。此时,列奥提西达斯因为以欺骗手段登上王位而遭到强烈谴责,正在接受审判。斯巴达人判定,列奥提西达斯的确令埃伊纳人蒙受了奇耻大辱,作为惩罚,将他交给埃伊纳人。埃伊纳人准备押解俘虏打道回府的时候,一位颇有声望的斯巴达人铁阿西代斯站出来说:"埃伊纳人啊,你们想要做什么?难道你们真打算带走这位被自己的公民所交出的国王吗?斯巴达人在盛怒之下才做出这个决定,你们应当考虑,如果他们反悔,出兵入侵埃伊纳,彻底摧毁你们的家园,你们该如何是好?"经过一番深思熟虑之后,埃伊纳人认为与其惩罚这位斯巴达国王,不如带他一道去雅典,请求雅典人释放人质。

然而,雅典人拒绝了他们的请求。作为报复,埃伊纳人夺走一艘雅典圣船,这艘船上乘坐着许多从宗教节日庆典返回的雅典重要人物。于是,埃伊纳与雅典在波斯即将发动入侵之际,开始了新一轮的战争。处于劣势的埃伊纳派人向阿尔戈斯寻求帮助,在塞皮亚战役中损失四分之三重装步兵的阿尔戈斯此时却是有心无力。不过,阿尔戈斯允许志愿者前去援助埃伊纳,总共有1000名阿尔戈斯人自愿前往。希罗多德说,这些人大都战死在雅典向埃伊纳发动的一场大规模战争中。除了记录海上无足轻重的战斗

文明的冲突
THE FIRST CLASH

外，希罗多德对战争最后阶段未做任何说明，而是忙于开始讲述马拉松战役。

我们从中能得出什么结论呢？首先，雅典入侵埃伊纳并取得一场关键性战役的胜利，杀死奔赴战场的1000阿尔戈斯人中的大部分，埃伊纳人的伤亡也不会轻微。雅典人将这个阶段的冲突称为"复仇之战"，足见他们对埃伊纳攻击宗教领袖的怒意有多么强烈。这场战争也能让我们对登陆埃伊纳岛的重装步兵的想法有所了解。我们可以做此推断：雅典解救了被埃伊纳人抓走的人质，但并未释放自己之前得到的人质。

这场战役为我们提供了新的证据，表明参加马拉松战役的雅典士兵绝非只是农民而已，而且，雅典拥有一位才能过人的军事将领坐镇指挥。有人（据推测可能是卡利马科斯）悄悄组织了一场大型的两栖作战，成功入侵一座防御坚固的岛屿，击败得到增援的埃伊纳军队，并及时返回雅典，做好迎战波斯人的准备。久经沙场的雅典重装步兵作战能力出色，在短短时间内就轻易摧毁了埃伊纳大军。

雅典卷入同埃伊纳的战争之际，米太亚德从克森尼索返回雅典。很可能是后来的宣传所致，人们才会认为米太亚德是指挥雅典军队在马拉松取胜的将军，不过从希罗多德至今，在所有关于马拉松战役的描述和记载中，他都是一个举足轻重的人物。因此，在这里有必要介绍一下米太亚德辉煌的军事生涯。他的叔叔老米太亚德曾经被庇西特拉图任命为克森尼索的僭主，并出色地维护了雅典在这个战略地区的利益。老米太亚德同父异母的兄弟西蒙还育有一子,名叫斯泰赛哥拉斯,继承了僭主之位,小米太亚德(在马拉松战役中扬名)又继承了斯泰赛哥拉斯的僭主之位。

小米太亚德的父亲西蒙出身斐赖家族,庇西特拉图死后,他也卷入继位之争。他的势力不容小觑,希庇亚斯似乎曾下令要暗杀他。不过,希庇亚斯坐稳僭主之位以后,对西蒙的儿子米太亚德十分宽厚,并在公元前525或公元前524年任命他为执政官。公元前516年,米太亚德的兄弟斯泰赛哥拉斯在与兰普萨库斯的战争中被杀,希庇亚斯便命米太亚德前去治理克森尼索。米太亚德先是发动政变,赢得克森尼索僭主之位,后与一位色雷斯国王的女儿成婚,在身边安置了500名雇佣兵,稳固了自己的统治。他一直都在尽职尽责地保护雅典的利益,无奈波斯帝国的强势扩张限制了他自由行动的能力。公元前514年,他亲率分遣队前去支持大流士远征斯基泰的行动。根据他本人的论述,在关于是否要摧毁多瑙河上的桥梁以将波斯军队困在斯基泰的辩论中,他是一个重要成员。我们之前已经讲过,他在辩论中对自己所扮演角色的说法很有可能是捏造的。爱奥尼亚起义期间,米太亚德曾趁波斯忙于镇压起义,以雅典名义攻下波斯占领的利姆诺斯岛和伊姆罗兹岛。

爱奥尼亚起义以失败告终,波斯慷慨奖赏保持忠诚的人(或在战争期间达成协议的人,如卡里亚人),严厉惩罚趁机作乱的人，攻占两座岛屿的米太亚德自然招致大流士的痛恨。马铎尼斯率领波斯舰队向北推进时，在拉德岛战役大获全胜，米太亚德赶紧准备逃脱。他将个人物品和金银财宝装满4艘船，匆匆逃亡。波斯人赶上其中一艘，抓获了米太亚德的儿子米提奥切斯。米提奥切斯被带至大流士的宫廷，余生都以波斯"贵宾"的身份在那里度过。

雅典并不欢迎这位克森尼索的僭主。事实上，他的到来还引发了一场政治危机。克里斯提尼此时已不在位，但他所属的阿尔克迈翁家族依然控制着政府。米太亚德——出身于斐赖家族，与被克里斯提尼废黜的伊萨格拉斯有着血缘关系——来到阿尔克迈翁家族中间，试图获取权力。米太亚德以其深厚的家族关系和显要的社会地位受到贵族青睐，而他扩张贸易的主张又为他赢得商人的喜爱，与此同时，政府（阿尔克迈翁家族）依靠的则是众多农民和被剥夺公民权的人。他抵达雅典之时，雅典正在进行关于向波斯臣服还是坚决抵抗的激烈争论，米太亚德坚定地站在了抵抗者的阵营，而阿尔克迈翁政府倾向于臣服。米太亚德费尽心思，赢得了自己所属部落欧伊内斯的将军之位，开始步步扩张自己的势力基础。

那些满足于现状、无法容忍米太亚德的人将他送上了审判席，指控米太亚德曾担任过克森尼索僭主。但这一事实并不足以让他被判处极刑，甚至不能因为他曾统治过色雷斯人而给他定罪。很有可能的情形是，一个色雷斯部落（多隆科伊）曾在斯基泰人将他驱逐出境后请他回归,从法律上来讲,他可以说是统治雅典殖民者的色雷斯僭主。幸运的是,当时担任执政官的是地米斯托克利,未来的萨拉米斯海战英雄,将在公元前480年集结希腊人抵御薛西斯的入侵。庇西特拉图的一系列改革令他权力与财富双丰收,他被人们称为"新人"。他也是一个反对波斯的激进分子。在他看来,米太亚德坚决反对波斯的立场比他的政治忠诚度更为重要。在地米斯托克利的强烈支持和影响下,米太亚德被雅典人判为无罪。

强大的波斯侵略军已经开始朝希腊进发,雅典即将迎来巨大的危机。不过,等到波斯军队抵达希腊,会发现他们昔日的希腊盟友阿尔戈斯和埃伊纳已经臣服于斯巴达和雅典的强权。斯巴达和雅典在经历了漫长而残酷的政治内讧后,终于在最后一刻结成并不坚固的联盟。

第四部分
战争的方式

第十三章
巨人对战侏儒

公元前5世纪,波斯是唯一的横跨亚欧非三大洲的超级帝国。它的陆地面积达到750万平方英里,从爱琴海一直延伸至印度,人口很可能超过了4000万。从占地面积和人口来看,雅典较之要弱小得多。整个阿提卡地区不足4000平方英里,这里的居民在公元前490年只有15万左右。这样也就不难理解,为什么众多历史学家都认为雅典在与波斯的战争中丝毫没有胜算,它最终的胜利堪称奇迹。雅典人清楚波斯的强盛,却依然选择与这个超级大国正面作战,他们的英勇果敢也可见一斑。或者,是否雅典掌握着一些后来的评论者所不了解的重要信息呢?

我们对古代帝国首先要了解的一点是,仅看表面粗略估计出

文明的冲突
THE FIRST CLASH

的潜在力量大小往往与事实不符。我无意贬低大流士政府的组织结构，但几百年后的罗马确实建立了更为高级的组织机构。即使罗马享有这样的优越性，它在发展鼎盛时期一般也只维持着占总人口不足 2% 的军队，在有限的时段也只会动员 3% 的人口参加战斗。因此，从组织机构较罗马落后这一点来判断，波斯帝国要保证 2% 的人口参加战争绝非易事。纵观历史，至少是在工业革命之前，大多人口大多时间都是挣扎在最低生活水平线之上；哪怕对现状做一丁点改变都有可能导致饥荒的发生。这些社会要求所有人在田间耕作，只能分配很少的人口参军作战。波斯 2% 的人口即 80 万人，实际上按这个数字去推测波斯的军队人数也是高估了，我们有理由相信波斯军队人数并未能达到这一水平。

大流士通过军事政变登上权力之巅，深知在没有外敌的情况下维持大型常备军的危害。波斯常备军队规模往往很小，战时对地方征兵有很强的依赖性。从波斯动员足够兵力镇压爱奥尼亚起义所耗费的时间之长，以及波斯若损失在斯基泰作战的野战军则帝国将形成崩溃坍塌之势来看，波斯对地方兵力的依赖性相当之高。

波斯的问题还不止于此，它的边境并不稳固。色雷斯蠢蠢欲动，多瑙河另一头的斯基泰人时刻准备伺机向帝国进攻，而东北边界的波斯同族对帝国肥沃的平原地区也是垂涎已久。遏制这些敌人需要坚固的驻防、灵活机动的野战部队、能够有效抵挡入侵的大规模军队。与此同时，帝国其他边疆也都需要长期驻防。爱

第四部分 战争的方式

奥尼亚起义也令波斯警醒地认识到,在这个由多种族组成的帝国里,臣民时刻在寻找机会争取独立。为预防暴乱发生,大流士必须安排忠诚的大军防守主要城池和关键地区。

最后一点,从帝国统治中心派遣远征军耗资巨大,后勤工作困难重重。我们可以再次以罗马帝国为例来看。恺撒征服高卢之初唯有6支军团,加上人数相等的辅军部队,一共拥有大约3.5万人。整个战争期间的罗马军团人数恐怕都未能超过5万人。克拉苏派兵征服帕提亚帝国时,也只率领了4.5万人的军团。罗马作为一个骁勇善战作风顽强的早期共和制度国家,都难以从遥远的意大利派出大规模军队。在意大利与汉尼拔对战的16年间,罗马共和国维持着10万多人的军队,但在击溃汉尼拔的决定性战役扎马战役之前,罗马为了在附近的阿非利加行省维持3万人的军队可以说是殚精竭虑。古代世界最好战最高效的帝国也只能为远距离战争维持5万人的军队,我们是否可以推测波斯在这方面比罗马出色得多呢?公元前480年,薛西斯的入侵军队人数是这个数字的两倍。波斯人为这场征战筹划了近5年,计划以闪电战取胜,速战速决之后,迅速遣散大部队。薛西斯出发时可能只率领了一半军队,直到在陆战中遭遇重挫时才增兵援助,主要就是因为波斯无力长时间维持大型远征军。

在计算大流士入侵希腊的兵力之时,我们不能忘记一个事实:波斯帝国不久前才镇压了爱奥尼亚起义,必定消耗巨大。波斯花费五年多时间方才取得成功,在此期间它损失了两支舰队,拉德岛战役中可能还有一支舰队遭遇重创。一支波斯野战军被卡里亚人歼灭，几千波斯人也丧生于其他作战任务。最重要的是，帝国的重要地区——曾经最为富裕的地区——化为一片狼藉。波斯入侵希腊的物质支持主要来自这里（爱奥尼亚），它的毁灭严重拖慢了战争的准备进程。

从另一方面来看，波斯人或许会停止征召未参加过战争的新兵。参加过爱奥尼亚战争（其中可能还有战败的爱奥尼亚人）和马铎尼斯进攻色雷斯战争的老兵仍在服役，攻下雅典的战利品又相当丰厚诱人。这些人在被卡里亚人歼灭之前，从未品尝过失败的滋味。他们擅长忍受严酷的环境，拥有丰富的作战经验，是一支令人生畏的强大队伍。

结合上述所有因素，从色雷斯和爱奥尼亚起义期间波斯军队的规模来推断，波斯所能组建的最大战斗部队应该由4万人组成，并有同等数量或稍多一些的海军士兵参与公元前490年的征战。这个时期的雅典人亲身经受了艰苦的战斗，其中相当数量的公民（尤其是米太亚德）对波斯军队有深入了解，因此他们不太可能不知晓这些因素和局限性。4万人的陆军和人数相当的海军实力强劲，事实上，加起来是整个阿提卡重装步兵的数倍。因此，我们还需要找到一个关键问题的答案：雅典人到底拥有什么样的优势，足以令雅典公民确信，与其放弃希望，不如正面作战呢？

至关重要的一点就是，雅典将在自己的家园与波斯人鏖战，

第四部分 战争的方式

可以动员更多人口参战。如果说阿提卡当时的人口为15万,那么能够作战的男性就有3万至3.5万。雅典或许可以将1.4万人装备为重装步兵,假设把雅典在之前战争中赢得的战利品计算进去,也许还可以为这个数字加上几千。那么,为何参加马拉松战役的雅典重装步兵只有区区9000人呢?可能性最高的解释是,参加马拉松战役的并非雅典所有的重装步兵,但应该是雅典最为精良的步兵。马拉松的道路由雅典大部队防守,这条路是进入雅典的最佳通路,却不是唯一的一条,其他道路和小道(从温泉关战役来看,波斯人利用一条羊肠小道,就能给敌人出其不意的痛击)也需要重兵把守。海岸线上的其他重要位置也不容忽视,必须提防波斯人向雅典营地发动水陆两栖的迂回攻势。

那么雅典人是否能装备起1.4万人的重装步兵队伍呢?答案是肯定的。到这个时期,重装步兵的盔甲和武器都是自费购买,装备成本高昂,极大限制了许多希腊城邦的军队规模。不过,在诸多因素的作用下,雅典人能够承担重装步兵的全套甲胄花费,其中最重要的因素便是庇西特拉图发起的土地改革。他将贵族地产分给没有田地的贫民,使他们不但生产了足够自己食用的粮食,还能将剩余的运到城中出售。于是,数以千计的自耕农便有了购买盔甲的钱财,有机会成为社会等级较高的重装步兵。阿提卡从种植粮食作物改为培育橄榄,后者创造的盈余势必更多。以橄榄为基础的贸易带来丰厚收入,大量城市居民和沿海居民也得以加入重装步兵队伍。雅典人在几年后才发现了矿藏最为丰富的劳里厄姆银矿，但政府利用之前发现的银矿里所开采出的银，为重装步兵发放必要的补贴。现在没有资料显示政府为购买盔甲提供现金或贷款，不过大量证据表明，政府为农业和其他商业活动都提供过数额巨大的贷款，这实质上也相当于资助购买甲胄。雅典在过去20年间战争不断，自然会尽一切力量来扩大主要作战部队的规模。

在战争频发的这些年里，雅典至少赢得了3场关键性战役的胜利。敌军总伤亡人数难以估算，但曾经在一次战争中就有700名底比斯人被俘，保守估计有两倍于此的人被杀。雅典人大败哈尔基斯人，迫使哈尔基斯人即刻退出战争。哈尔基斯无力再给雅典造成威胁，于是雅典遣散大部分士兵，让他们上交了盔甲和武器。迈加拉国土面积与哈尔基斯相当，在公元前480年时组建了一支3000人的重装步兵队伍，由此推测，哈尔基斯的步兵队伍规模也差不多与之相同。马拉松战役前，1000名阿尔戈斯步兵和数量未知的埃伊纳人死于和雅典的战争。保守估算，雅典从敌人身上获取的盔甲足够为8000名重装步兵提供装备，雅典人可能只需以低得多的价钱就可以购买到原本极其昂贵的重装步兵甲胄。

此外，雅典还动员了更大范围的人员参战。马拉松战役在收获时节过后进行，其余的阿提卡男子也可以参军作战。这些人多是来自"第四等级"的贫穷公民，主要被编入轻装部队。希罗多德讲述马拉松战役时从未曾提及轻装部队，但既然等级更低的奴

第四部分 战争的方式

隶都参加了战争，他们不太可能会被留在后方。正如当代对中世纪战争的记叙中会习惯性忽略农民和步兵，浓墨重彩地称赞重装骑兵（骑士）的骁勇善战，希罗多德或许也将这些公民的贡献一笔勾销了。然而，在重现马拉松战役时，这些公民的存在以及他们的积极参与是不容忽视的。

一般情况下，奴隶没有参加战争的资格，但在每个重大战役的战场上都有他们的身影。如遇紧急状况，奴隶就会暂时获得自由，加入军队参与战斗。无论任何时候，奴隶们都担负准备食物、营救伤员、担任侍从，以及最重要的搬运行李和看管步兵盔甲的职责。要论雅典所遇到的紧急状况，马拉松战役毫无疑问就是其中之一。遭遇此重大危机的雅典人必定要解放一部分奴隶，派他们上阵杀敌，我们也有证据来证明这一点。罗马时代的希腊史地理学家保萨尼亚斯称，自己在旅行期间曾看到过普拉蒂亚的普通人和马拉松中被杀"奴仆"的坟墓。我们无法计算出随军奴隶和自由民的数量，但合理估计应该有数千人。

综上所述，雅典实际上是可以组建一支与公元前491年入侵希腊的波斯军队人数相当的野战军。最为关键的一点是，雅典军队核心由9000名重装步兵组成，他们都是经受过枪林弹雨磨炼的人。马拉松战役之前，雅典军队曾击溃底比斯、哈尔基斯、埃伊纳之师，还挫败过一支斯巴达军队，这不得不说是了不起的成就。近20年的漫长岁月里，雅典都在战争中摸爬滚打，应对四周来势汹汹心怀不轨的敌人。在这种环境中磨砺出的雅典重装步

文明的冲突
THE FIRST CLASH

兵自然拥有非同寻常的自信。雅典军队向来推行高水平的训练，指挥官可以得心应手地策划战略，调兵遣将，甚至令斯巴达军队疲于应付，最终，他们为雅典赢得了马拉松战役的胜利。

雅典的胜利确实令人称奇，不过据合理推断来看，处于战略防守位置的雅典其实比普遍认为的胜算要高。

第十四章
波斯的战争

美索不达米亚不仅是"文明的摇篮",还是"战争的摇篮"。从人类以有组织的群落为单位生活伊始,文明与战争就一直紧密交织在一起。底格里斯河与幼发拉底河流域孕育了更迭交替的伟大帝国,其建国之本都是从战争中获取财富,战斗是这里恒久的旋律。可惜,3000年过去,这里发生的残暴杀戮早已成为历史谜团,唯独一个帝国的故事穿越3000年的历史进程,生动而鲜明地向人们展现铁血政策、连年的征战和野蛮残忍的行径能够缔造出一个怎样的国家。这个伟大的帝国,就是亚述。

鼎盛时期的亚述统治着所有美索不达米亚平原上的国家,而它依然连年征战,应对不断扩张的边界上遭遇的新威胁,镇压帝

文明的冲突
THE FIRST CLASH

国内的人民起义。公元前 900 至公元前 650 年间，亚述处于国力巅峰，曾参加了至少 108 场战斗，向邻近民族发动无数次残酷征战，并严厉镇压内部叛乱。亚述人用他们自己的话对其严酷的作战方式给出了最为准确的描述。辛那赫里布王（公元前 704 年—公元前 681 年）曾这样描述公元前 691 年与埃兰的战争：

> 在伟大的阿舒尔神指挥下，我如龙卷风般冲向敌人……一举将他们击溃。我用标枪和弓箭将敌军钉起来……仿佛对待绵羊那样，割断他们的喉咙……我的骏马训练有素，疾步飞驰，踩踏在他们身上，血流如河；战车的车轮上溅满敌人的鲜血和破肠残肚。平原上铺满了敌方战士的尸体……迦勒底人的领袖，在我的屠杀面前显得惊恐慌乱，仿佛站在他面前的是修罗王。他们抛弃帐篷，匆忙逃生，脚下踩着同胞战士的身体……他们惊恐慌乱，屁滚尿流，排泄物甚至弄脏了自己的战车。我派遣步兵发动攻击，部署工兵修建坑道工事。我将 200150 人的男女老少驱赶出去，把他们的马匹、骡子、驴子、骆驼、数不清的大小家牛留作战利品。我将他囚禁在耶路撒冷，他的王室住所如同鸟笼一般。

居鲁士开始征战之际，没有足够的财力或物力来打造一支亚述那样的职业军队。不过，他拥有 kara，粗略翻译过来，就是指他的部落、朋友和家族的所有战士的集合。然而，波斯吞并米底后，大流士即刻按照职业米底军队（被称为 *spada*）的编制重组了 *kara*。波斯将其 *kara* 编入米底的 *spada*，并沿袭诸多米底作战策略，由此继承了亚述全部的战争精髓。

居鲁士全新的 *spada* 由骑兵、弓骑兵、步兵弓箭手及步兵组成，似乎完全借鉴了米底国王基亚克萨雷斯所模仿的亚述军队结构。亚述人是历史上最早按照武器种类来设定军团结构的国家。波斯人利用亚述攻占金城汤池的先进经验，制造并维护着一流的攻城设备，可以在任何持久战中发挥重大作用。希罗多德未曾提及，波斯人的攻城技术和技能帮助他们迅速攻下爱奥尼亚的城池，对于镇压爱奥尼亚起义至关重要。波斯军队足以征服疆域广阔的帝国，但亲身感受过希腊方阵的战斗力后，波斯很快为军队增加了希腊雇佣兵，将其作为战斗核心。

波斯人制胜的关键是步行弓箭手、弓骑兵及出色的骑兵。步兵在波斯军中的重要性较低，最主要的功能是在弓箭手和骑兵对敌军部队进行大屠杀，打破对方阵形之后完成收尾工作。波斯人作战时对重装步兵的依赖度不高，因而从未建立高效的重装步兵队伍。有人肯定会对这种说法提出反对意见，理由是波斯拥有一支一万精英士兵组成的"长生军"。然而，这是一支轻装队伍，专为作战队伍提供保护，从未跟重装步兵正面交战。希罗多德是这样描述波斯"永生"部队的：

他们头戴柔软毡帽（波斯人将其称为头饰），身披彩色长袖束腰外衣，将鱼鳞般的铁质胸甲穿在胸前。他们下身穿着长裤。这些士兵以柳条代替盾牌，箭袋悬于柳条之下。他们装备有短矛、长弓和芦苇做成的箭。他们的腰间紧系匕首，垂于右腿边上。

希罗多德进一步介绍道，这支"精英"波斯军队最擅长降低己方的作战难度：

波斯人的衣服和装备用大量黄金制成，令人一眼难忘……大篷马车上坐着他们的妻妾，许多穿着讲究的奴仆也会随军出行。

希罗多德还记叙道，波斯骑兵的装备与步兵一样，不过部分骑兵会戴上铜质头盔。色诺芬的书中写道，骑兵还会携带两支标枪。波斯军队的其他兵种还是以波斯传统的装备和武器作战。

波斯军队行囊沉重，步履缓慢，在夜晚从不行军或作战。与敌军相遇时，主要依靠各个部门的通力协作进行战斗。波斯军队以人数众多的弓箭手为核心，由他们重创敌人，打乱敌方队伍。波斯人在排兵布阵时，将步兵安排在中央，骑兵分配至两翼。步兵将盾牌插入地面，在战场竖起应急防护栏，为后方的弓箭手提供庇护。弓箭手发射箭雨，给敌军造成伤亡，然后骑兵从敌军两

第四部分 战争的方式 ◆

侧进攻,或是形成包围之势。在攻破敌军阵形之前,骑兵不会贸然出动,而是与步行弓箭手一起向敌人发射箭矢。重装骑兵偶尔还会杀入敌阵,齐掷标枪,猛攻至敌军溃乱。

这时,便到了受到重重保护的波斯骑兵举起长矛刀剑,奋勇冲进敌阵的时候。阵形稳固的步兵队伍可以无限期地抵挡骑兵攻势,然而一旦阵形出现松动,就失去了所有的防御功能。重达 1000 磅[1]的马匹,加上挥舞着长矛刀剑猛攻向前的骑兵,这种场景本身就足够令人惊骇。本已遭受严重伤亡、步步倒退的阵线几乎完全无法抵挡这种猛袭。紧接着,此前一直在柳条围栏处守卫弓箭手、防止遭遇突袭的步兵也开始出动。他们手举名叫 *akenake* 的短剑及长矛,以迅猛之势向敌人发起致命攻击。

波斯军队由来自不同国家的士兵掺杂组成,作战方式和装备也纷繁多样,因而波斯很难组建起一支完全统一的队伍——以同样的武器、宗旨和战术战略进行训练。阿契美尼德王朝统治的 200 年间,米底人和波斯人向来都是军队的战斗核心,而其他不太精通战事的人群则负责为他们提供辅助支持。如果军队核心动摇,那么不管其规模大小,都会陷入严重危机。波斯在亚洲平原上的敌人本就不善作战,因此波斯在中亚战场上拥有巨大优势。与亚洲对手作战时,波斯军队的精英核心是战争取胜的关键性因素。然而,在希腊重装骑兵面前,他们显得脆弱不堪,最显

---

[1] 重量单位,1 磅 = 0.4536 千克。——编者注

而易见的原因就是，波斯未能建立一支出色的重装步兵队伍。波斯士兵只能使用短剑和长矛作战，攻击范围无法超越希腊方阵士兵所用的较长的矛。此外，波斯人计划以弓箭手攻破敌军阵形，避免肉搏，未曾料想到最后会与组织有序的步兵队伍展开近距离战斗。如果敌军迅速穿过弓箭的杀伤区，步步逼近——希腊在马拉松战役中采用的正是这种战略——弓箭便失去了意义。在组织有序、行动统一的方阵面前，弓箭从未发挥过重大作用。在这里有必要看看公元前480年参加普拉蒂亚决战的斯巴达军队。斯巴达人在箭雨之中保持岿然不动，他们的领导者反复以动物进行献祭，希冀能够得到吉兆。

波斯士兵战前未曾料想到，他们将在马拉松进行艰苦的近距离肉搏，等重装步兵逼至眼前时，他们已经处于不可扭转的劣势。波斯人大都身穿鳞甲保护自己，但军中其他国家的士兵并没有如此幸运。沙加迪亚人以套索作战；一些印度人骑着驴子进入战场；色雷斯人头戴狐狸皮帽，脚缠鹿皮——这些就是军队其他成员的所有装备。波斯人能够将这些完全不同的人组建为一支协调的军队，他们的军事天赋由此可见一斑。

然而，波斯的鳞片护甲在希腊的青铜护甲面前显得不值一提，波斯的柳条与希腊重装步兵的盾牌相比也是相形见绌。波斯的盾牌是将柳条穿在皮革盾牌之上制成的，与一般人等高，比人的身体略宽，对于抵御或化解弓箭袭击卓有成效，但无法抵挡长矛的冲击，对冲至面前的重装步兵毫无作用。

第四部分 战争的方式

波斯人习惯于进攻被打得七零八落的步兵队伍,却没训练过如何应对以一个整体作战的阵形,这成为他们的又一重大缺陷。希腊方阵就是这样的整体作战阵形,在未受损伤的情况下,可以完全穿透波斯大军。希罗多德是这样记载普拉蒂亚决战的:

> 波斯人从不欠缺勇气或力量,他们缺少的是重装步兵,以及为针对这种战争进行的专门训练,在作战技能方面无法与敌人媲美。他们要么单打独斗,要么10人一组,越过前线,加入更大或更小的团体,直接冲入斯巴达阵营,彻底击垮敌军。

在这个时期的正面交锋中,唯一能够阻挡斯巴达或雅典方阵的就是另一个方阵。

可波斯人最强大的武器,是在尼西马上驰骋杀敌的骑兵。美国历史学家保罗·拉赫曾这样说:"阿契美尼德王朝为牢牢掌控帝国,守卫广袤的平原和大草原,对于弓箭手和驾战车者(及战车)的依赖性要远低于对骑兵的依赖性。波斯骑兵队伍中的骑射手在包围敌人之后,会连续排射箭矢,轻装骑士将标枪扔掷进入敌方阵营,奇袭骑士则使用长矛和佩剑作战。"假如希腊方阵与这样的波斯队伍在四面开阔之地相遇,除非它能将骑兵阻挡在攻击距离之外,否则必输无疑。如要阻挡骑兵,需要投石兵、弓箭手、轻盾兵和己方骑兵通力协作,或者像亚历山大在高加米拉会战中那样,利用重装步兵来掩护暴露在外的侧翼。

希腊方阵在四面环山的狭窄前线进行战斗时,拥有压倒性的优势,马拉松战役就是这样的战斗,因为马匹不可能不顾性命,直接冲向排排矛尖。一些历史学家经常大力鼓吹中世纪骑士横扫步兵的事迹,但出现这种情况的唯一原因是,他们所面临的不是雅典方阵那样纪律严明、阵形稳固且高举长矛的步兵。即便到了滑铁卢战役时,盟军之所以能够取胜,也是因为法国骑士的马匹不敢冲向刺刀。英国军队排成正方形,士兵们朝各个方向举起刺刀,气势汹汹的法国骑兵对此阵形毫无办法。骑兵进攻方阵时,人类的勇气毫无作用,真正有意义的是马匹。然而,波斯的传奇尼西马并未表现出超越其他马匹的勇猛。

现当代比较受欢迎的书籍和电影,如《斯巴达300勇士》,让公众对波斯人,尤其是他们的领袖形成这样的印象:这是一群可憎而无用的人。希腊作家如色诺芬和演说家如伊索克拉底,在马拉松战役发生的数十载之后,向读者和听众不断描述波斯军队的脆弱,以至于古希腊人都认定波斯人不如希腊人善战。波斯帝国后期确实丧失了部分好战的特性,但在大流士及其直接继承者们统治时期,帝国所呈现的是完全不同的强盛景象。希罗多德曾说:"从5岁到20岁,他们只教自己的孩子3件事情:骑马、射箭、说真话……"在马拉松战役,以及10年之后的温泉关战役和普拉蒂亚战役中,与希腊对战的波斯军队从来都非弱旅。他们身经百战,而且在波斯的文化里,战果累累的战士地位凌驾于所有人之上。大流士本人就是一个例证：他在巩固帝国管理架构方面取得了无可争议的成就，他最引以为豪的却在于他是马背上的皇帝，是真正的战士。

马拉松战役中，与希腊对战的波斯军队并不是人们一般所描述的典型波斯军队，这一点不容忽视。首先，这支军队久经沙场，曾在爱奥尼亚和色雷斯作战长达6年，习惯于忍受战争的艰苦和恐怖。虽然没有一支波斯军队能够拥有希腊军队高度的战术一体化，但参加马拉松战役的这一支是最为接近希腊军队的。军队在6年的战争中已经进行了充分的磨合与磨炼。随着时间推进，国籍的不同逐渐消失，在战场上的共同经历与自然适应让他们的作战方式与装备趋于一致。这支军队纪律极为严明，通过长时间的集体训练与战斗，很可能也实现了高度的战术灵活性。波斯人此前只在米利都人援助卡里亚人时见识过大规模的重装步兵队伍，可惜这支拥有应对重装步兵经验的波斯军队不久之后遭到伏击，彻底覆灭。

马拉松战场上的波斯军队包含1000人左右的骑兵，但从本质上来说还是一支步兵队伍。作战时，这支队伍采用的依旧是此前简单介绍的典型波斯作战方式，因为在镇压爱奥尼亚起义期间从未遇到过组织严谨的重装队伍，也就从未针对方阵做出任何必要的战略战术调整。参加马拉松战役的波斯军队曾屡战屡胜，拥有极强的自信。他们作战技巧高超，指挥有方，规模庞大，信心满满。这支军队与后来略显虚弱的波斯军队有着天壤之别：他们亲历无数次战役，是百战不殆的强军；他们值得对手仔细研究，认真对待。没有希腊人胆敢奢望雅典在即将到来的恶战中握有胜算。

第十五章
重装步兵作战方式

在公元前 650 年以前,战争还是贵族的专利,因为只有他们能够承担作战装备,尤其是马匹的费用。随着希腊从青铜时代的崩溃中逐渐复原,人口稳步上升(年增长率可能接近 3%),农业发生剧烈改变,由放牧转向耕作。随着人口持续增长,耕种也趋于密集。人口膨胀带来的是对食物更多的需求,就连原本退耕的土地也被用于耕作,因而国家要尽力守卫每一寸土地,贫瘠的地域也不例外。耕种逐渐密集的结果就是,大片土地按小块分配给家庭,成为希腊最主要的分配方式。上述两种转化又催生出一种独特的战斗方式——重装步兵战争,并从公元前 650 年开始不断发展演化。农民现在需要保护自己的财产,并且只能通过集体方

式实现，重装步兵应运而生。集体作战的重装步兵以城邦为中心发展起来。我们无从知道重装步兵的具体发展进程，不过与希腊惊人相似的中世纪能为我们提供一定线索。同古希腊时期一样，骑在马上的勇士（贵族）曾是军队中的绝对主力。到中世纪末期，以城镇为中心的经济变革逐渐削弱了骑士的政治支配力。贵族骑士不愿割让权力，不惜一切竭力守卫自己的利益。在历史上的一个著名事件中，法国国王派兵前去镇压佛兰德斯地区的人民起义，随之发生的科特赖克战争中，重装骑兵与步兵展开了激烈战斗。佛兰德斯的军队阵形与希腊方阵类似，纪律严明，结构紧凑，列阵8排，前排士兵以长矛形成攻击和防守之势，他们就是利用这样的队伍来应对所有法国骑兵的猛攻。战争结束，法国骑兵遭遇全盘惨败，成为"粪便与蠕虫"。

　　西欧即将发生的技术革命将会对战争的本质，或至少是其特性，带来剧烈改变。假设技术和火药未曾出现，稳步作战的佛兰德斯步兵很有希望建成军事秩序类似希腊方阵的队伍。

　　将长矛插入地面或向前伸出，足以抵挡进攻的马匹，却无法抵御步兵队伍的攻势。所有城邦纷纷开始建立方阵，迫使其对手也不得不照做，因为这是在激战中保卫城池的唯一出路。战争从以贵族骑士为核心向大量平民手持长矛奋勇杀敌转变，于是受到更好保护、接受更佳训练的军队开始展现出明显优势。为了保护自己不被敌军长矛刺中，农民战士们逐渐为自己的甲胄增添胸甲、胫甲和盾牌。人们很快发现，积极参加集体训练的战士比那

第四部分 战争的方式

些拒绝练习之人要出色得多，于是，众多城邦开始要求士兵必须定期参加军事训练。

小城邦无力维持常备军队，于其而言，最切合实际、卓有成效的防御来自大批为保护土地而热衷于守卫城市的人。这些兼职士兵还有众多其他事务，随着时间的推移，战争过程形成了特定惯例，战争规则也在不断调整。作战规则总结起来是这样的：一方宣战并指挥方阵挺进另一方领域；另一方调动自己的方阵；双方商定在某一平地作战；献祭完成之后，双方直接朝对方进击，激烈的对战开始；战争只消一个早晨或下午即可结束，一方或另一方退出战场；双方均接受战场上的结果，失利一方或放弃土地所有权，或放弃入侵（如果侵略一方战败），搬兵撤回。这种战争中，人员伤亡一般都很少，战争达到高潮之后鲜有人继续作战。

在过去的一个世纪里，历史学家一直都在遵循古代留下的证据和所谓的常识进行研究。希腊贫瘠的土地在任何时候都很难养活当地人口，没有哪个城市的居民胆敢躲入城内，任凭入侵者糟践自己的土地，否则等待他们的只有破产和饥荒。进入集约农业阶段的农民不能长时间离开农场，他们要么躲到城墙后，要么围攻城池。将这些情况考虑进去的话，就不难理解为什么作战双方都希望战争尽快结束。重装步兵进行激烈的正面交锋，成为所有人都乐于看到的方式。

然而，到马拉松战役时，这个约定俗成的体系已经分崩瓦解。斯巴达在与阿尔戈斯的塞皮亚战役中几乎将敌人赶尽杀绝，雅典在马拉松战役几十年前的战争中就表现出要以决定性胜利永久改变政治格局的意向。等到了伯罗奔尼撒战争，方阵就成为从前战争体系的唯一遗产。

上述希腊人的作战方式在波斯人看来完全是不可理喻的。希罗多德曾引用过波斯将军马铎尼斯对希腊式战争的观点："希腊人发动战争不是出于深谋远虑，而是固执和愚蠢。每当他们向彼此宣战的时候，总是要寻找位置最佳、地势最平的地方作战，胜者在给对手造成足够损害（以他们的标准）之后离开战场。对于输者我根本无话可说，因为他们会完全被摧垮……如果非要开战，应当寻得令其中一方难以被征服的地方，然后开始战斗。所以说，希腊人根本就没有什么高明的战术。"

希腊的战争比波斯战争要简单得多。两支全副武装的部队各自举起长矛，形成坚固方阵，加速向对方挺进，在开阔的平原上开始战斗，刺、推、踢、大喊，直至一方认输。每个重装步兵上战场时都要举着巨大的圆形盾牌（*hoplon*），保护自己的左侧身体和左边士兵的右侧身体。按照修昔底德的记载，每个士兵要尽量将自己的右侧身体置于旁边士兵的盾牌保护之下，方阵因而必须以斜角挺进。排列密集的方阵机动性不强，这种战争与橄榄球中争球的场面极为相近，区别在于，战争中的双方都迫切想置对方于死地。

希腊方阵士兵对波斯军中人数最多的轻装部队也是充满蔑

第四部分 战争的方式

视。欧里庇得斯在他的一部戏剧中曾做出这样的评论：

> 射箭根本无法展现一个人的英勇！一个勇敢的战士，应当坚守自己在阵列中的位置，在危险的长矛面前毫无畏惧之色。

一般来说，那些购买了全套重装步兵甲胄的人保护自己不在话下，但问题是许多农民没有这样的财力。战争爆发时，国家不太可能拒绝农民和城市贫民的支持。事实上，他们在很多时候都扮演着至关重要的角色，可是由于社会地位较高的人（重装步兵阶层）看轻他们，导致他们很少获得应有的奖赏。斯巴达人参加普拉蒂亚决战时，为每个重装步兵配备7个希洛人，希洛人无一不装备加身，上阵杀敌。然而，希罗多德似乎认为，他们的成就根本不值一提。猜测来看，大约3.5万或更多希洛人的功绩大都被人们遗忘，丝毫不为人所知。

任何一个希腊城邦的军队都以方阵作为核心。方阵的存在只有一个原因：参加决定性的、激烈的战斗。可惜就像古代军事史上的所有其他东西一样，人们未能就方阵的作战方式达成一致。关于此问题的争论现在分为两派：传统派和异端派。传统派认为，方阵阵形紧凑，盾牌紧密联结，一般列为8排或更多，紧挨彼此的士兵步步推进作战。异端派则认为，这样一来根本无法作战，士兵挤作一团，连武器都无法举起。他们认为，方阵并不紧凑，而是如同罗马步兵支队那样，采用松散阵形，给士兵互相留有足够空间，方便他们单打独斗。然而，异端派用来佐证自己想象力的大量文学和考古证据却反而证明了传统派的正确性。

他们所寻的证据中没有任何一个表明，方阵有时会以松散队形战斗。方阵的"推"，即 *othismos* 的目的就是打破敌人方阵阵形，那么我们不难猜测，在一方或双方方阵开始涣散之时，士兵们必定要开始单打斗。实际上，马拉松战役中的希腊方阵在波斯大军压阵的情形之下差点崩塌，一度要依靠单兵作战抵挡对方攻势。不过，在两个方阵对战之时，荷马式的个人作战鲜有发生，最简单不过的原因是，所有公民军队训练的时间都用于集体训练，目的是让步兵练习成为方阵的一部分，努力将方阵打造为不可战胜的队伍。除斯巴达人以外，绝大部分希腊人都没有时间大幅提升个人作战技巧，在战场上对抗势不可当的敌军。

总而言之，重装步兵战争的本质就是一场简短而残忍的相遇，对个人的勇气和纪律都是严峻的考验。方阵中若出现任何松懈，都会摧毁其凝聚力，使己方沦为敌军猎物。因此，那些被怀疑心生怯懦的人都会受到严重惩罚。比如说，斯巴达人会要求懦夫（瑟瑟发抖的人）只留一侧胡须，这样人人都会知道他只能算半个男人。

第十六章
西方战争方式

美国当代军事史学家维克托·戴维斯·汉森和他的支持者认为，方阵的发展及其运用撬动了"西方战争方式"的开端。他所建立的相关理论认为，西方战争方式比过去 2500 年间任何其他文化和社会的战争特性都要更胜一筹，并将马拉松视作西方优越性的第一个例证。其他人则站在美国伊利诺伊大学历史学教授约翰·里恩一边，认为历史记载既已断断续续，说明古代战事难以在岁月长河中留下持久影响。在撰写关于马拉松战役的书籍时，我必须就这个争论发表自己的意见。

我首次阅读汉森关于这一话题的著作时，并不能完全信服他的论点。西方军队并不是未尝过败绩，他们曾不敌蒙古和伊斯兰军队，我们能以何种理由说西方战争方式领先于所有其他文化的呢？不过，就这一问题进行了多年的反复思考之后，我的观点已被颠覆，现在，我站在了少数历史学家一派。我不能完全同意，但基本认可汉森的观点。对于开始这个讨论，我的内心也不无担忧，因为讨论已经演化为粗鲁的争执。一位昔日的西点军校教授罗伯特·贝特曼甚至将汉森称为"魔鬼"，称他的研究根本是"一堆结构糟糕，刻意误导公众的虚伪粪便"。

按照汉森的说法，西方战争方式以在马拉松战役中首次呈现的原则而建立起来：

1. 使用较为先进的技术来弥补人数上的劣势。
2. 加强纪律建设，将单个士兵打造为组织有序的集体，行动统一，且能够承受强有力的攻势。
3. 遵循积极战斗的军事传统，力求一战定胜负。
4. 随时间推进及不断变化的环境做出必要改变、适应和革新。
5. 创建灵活的金融体系，为技术要求高、毁灭性强的战争提供必需的经济支持。

对于上述分析，我们很难找出其中的缺陷，因为过去的2500年间，其中的大多数原则在支撑着几乎每场军事战争。然而，历史记录有很多断层，而且西方军队在其他社会面前也曾处于绝

第四部分 战争的方式

对劣势,如蒙古入侵或阿拉伯人征服西方的前几十年。汉森承认,断层的确存在,但他在自己的著作中从未就这些空白或其影响进行阐述。他认为,西方军队虽曾遭遇挫败,但获胜的时候更多,因此从"大局"来看,偶或出现的反例根本无关紧要。这就是书写"大历史",或将2500年的战争看作整体的问题所在,永远都会有一些事例证明,"大局"不是在任何情况下都是正确的,而我们也不能就此认定他的理论从宏观角度看是错误的。我想举一个不完全恰当的例子,这就好比有人认为,量子物理证明艾萨克·牛顿的许多理论都是不正确的,事实的确如此,但牛顿的理论几乎足以解释人眼可见的所有现象:丢开苹果之后它确实会落向地面。同样,我可以向一个赌徒列举西方与其他文明之间的一百场重要战役,请他挑选其中的胜者。即便他对军事历史一无所知,假设他每次都盲目地选择西方,那他在大多时候都会赢得赌局。如果他在战争(不仅仅是战役)中做出同样的选择,会赢得更快更多。西方国家即便在对战中落败,也会对所遭受的巨大损失表现出惊人的承受力,在短短的时间内振作起来,重建军队,再回战场。

林恩将汉森提出的西方战争方式定义为(我认为汉森会接受这一论断):"成熟的西方战争方式理论……突出强调了一种独特而连续的军事文化,而这种军事文化的形成需要依赖于同样独特而连续的社会文化。很有可能是两者的结合造就了西方战争文化独特的杀伤力。简而言之,它让欧洲人成为'人类文明史上最致命的士兵'。"如果将上述论断改动为"战场上最致命的士兵"，或许更加贴合汉森的说法，因为许多文明与西方一样擅长大规模屠杀无辜者。

林恩为了反驳这种观点，提出："有人声称西方战争方式在2500年的时间里追求正直，这与事实完全背离，不过是幻想而已。"他举出大量例证表明，上述连续性曾出现过断裂，首个例子就是罗马帝国与古希腊的差异，此外还有欧洲黑暗时代和中世纪文化传承甚为艰难的例证。但是，我认为这种观点忽视了几个重要方面。首先，林恩同意汉森所提出的一个社会的军事战争能够反映其文化的观点，因为战争必须与当下特定的环境相适应。因此，问题应该是，在过去的2500年里真的有西方文化吗？它是连续的吗？如果说独一无二的西方文化确实存在，并酝酿出了独特的社会架构，那必定会随之演化出一种西方战争方式。所以说，这里的答案当然是肯定的。罗马或许与希腊有着巨大区别，但罗马人沿袭了希腊文明的诸多方面，军事系统也包含在内。西方在每个历史时期都曾向古希腊和古罗马人取经，寻找指导与方向。既然西方的艺术、哲学和文学都能追溯至希腊和罗马时代，那么西方军事制度为何不可呢？

事实上，任何社会、国家或文明从根源来讲都是由无数个故事组合而成的。人们非常热衷于赞扬过去的军事制度，花费大量时间回顾前人及他人的成就。士兵们总是乐此不疲地彼此分享"战争故事"，一代代地将传统和军队风潮传递下去，几千年来一

第四部分 战争的方式

直如此,从未间断。在阿德里安堡击溃罗马军队的哥特老兵肯定会向年轻战士讲述在战场上见到罗马军团并与之交战的情形。这些年轻哥特人中,有很多后来参与了410年攻陷罗马的战争;到451年的沙隆会战,他们的孩子又与罗马人结为联盟,肩并肩对抗匈人领袖阿提拉的匈人军队。在一代代人的传承之下,传统以古代故事以及之后的无数故事为基础建立起来,文化也在悠悠岁月中慢慢沉淀累积起来。过去的2500年间,西方军事文化就是以这样的方式建立并维系下来。

这些故事的传承方式多种多样,很容易就在口耳相传的过程中被人扭曲。不过,其核心主题从未动摇,西方独树一帜的文明与文化由此形成,这在其他文明的发展过程中也是一样。2003年,笔者获得特别准许,跟随入侵伊拉克的美军出发作战。这些士兵对马拉松战役知之甚少,却保持着一个源于公元前490年的传统——主动找到敌人,并与之打至关重要的歼灭战。在我撰写本书[①]的同时,15万美国人正在本书重点描述的地区进行战斗。保守估计,这些士兵中应该有超过一半的人曾经观看过电影《斯巴达300勇士》。这部电影从一个崭新的视角呈现了公元前480年的希波战争。尽管电影的历史准确性有待商榷,但它成功让新一代的士兵对温泉关战役有了一定了解。

许多职业士兵对军事史有着浓厚的兴趣。在中世纪时,能识

---

① 本书英文版首次出版于2011年。——编者注

文明的冲突
THE FIRST CLASH

字的军事领导者都曾仔细研读过韦格提乌斯写于 15 世纪的著作《兵法简述》，希望在书中借鉴并模仿罗马军队精华。有趣的是，文艺复兴时期的指挥官在火药革命完成以后，依然试图从韦格提乌斯的书中寻找改革军队的方式。即便到了现在，韦格提乌斯的作品还在印刷出版，依然会有无数职业军人主动花费时间阅读他的著作。修昔底德的《伯罗奔尼撒战争史》写于近 2500 年前，至今还会出现在美国陆军和海军的推荐书单之上，并且被许多军事学校作为教材使用。

林恩认为，取代罗马的所谓蛮族与罗马人之间存在巨大的文化差异，他们破坏了西方战争方式不断发展的传统，因此他对延续传统持反对意见。林恩认为，蛮族的入侵和黑暗时代的开始导致了一个巨大的文化鸿沟形成。随着罗马帝国日落西山，一切都不一样了。少数历史学家认为，西罗马帝国倾覆之后，很多传统随之消失，但并不是全部。有些历史学家认为，罗马帝国走向末日，政治体系过渡平稳，对于这种观点我也无法认同。不过，入侵的蛮族曾不遗余力地延续罗马的思想及其机构。哪怕到中世纪最为黑暗的时候，罗马的思想及其所呈现的一切也都被保存了下来。从经济和文化复兴伊始，欧洲就从古罗马和古希腊先贤处拿来知识体系的基石。中世纪学者普遍认可亚里士多德的世界观，这种情况常被认为是启蒙运动真正开始之前知识严重匮乏的结果。

在我看来，林恩经常在《战役》一书中进行自我反驳。整本

第四部分 战争的方式

书围绕着这样一个主题展开：军事和战争方式是由社会及文化决定的，这与汉森的观点基本契合。倘若林恩所述属实，那么西方军事、传统以及战争方式都是独特的西方文化的产物。林恩自己承认"希腊和罗马先人为我们留下了思想、谜团以及有关战争的词汇"，那么该问问林恩，他认为一个文明中的文化是由什么组成的。大多人都认为，文化是在时间长河中传承下来的思想，而林恩也是认同思想传承的。

那么，让西方发展出与众不同的军事传统的思想到底是什么呢？伟大的波斯皇帝在2500多年前向斯巴达使者所说的话中，曾对这一问题的答案表明了自己的态度："我从不惧怕那些在城市中心举行集会、立下虚假誓言、彼此欺骗的人。"居鲁士所蔑视的在公开场所自由交流思想的传统在断断续续中延续下来，驱动着西方文明的进步，而这个动力也塑造了独特的西方军事传统。

在21世纪我们还有两个问题亟须解决。西方战争方式是否就是这里所定义的那样？按照汉森的观点，它至今也是发动战争的适宜模式吗？西方社会是否还能以这种传统进行战争？上世纪的两次激烈争论过后，很多人认为欧洲过分推崇康德的永久和平论，导致它甚至无法维护自己的利益。与此同时，有些人采用各种战争方式（如恐怖行动），并否认自己为了赢得关键战役而设计和研发了特定武器，开设了特定机构。

第五部分

战　役

第十七章
波斯扬帆起航

爱奥尼亚起义末期,马铎尼斯率领波斯远征军进入色雷斯。波斯人发动此次战争的本意或许不是将其作为即刻进攻希腊的序曲,不过马铎尼斯的任务是为未来的入侵建立稳固基础。马铎尼斯在与色雷斯的比洛吉部落交战中伤亡众多,舰队在阿索斯山下损失惨重,大流士听到这些消息之后,心中必定极为不悦,但他惩罚爱奥尼亚起义期间大胆冒犯的埃雷特里亚和雅典的决心丝毫不会动摇。萨第斯城被大火夷为平地,令他和整个帝国蒙受奇耻大辱,复仇势在必行,而大流士没有耐心等待理想时机。假若他认为复仇之事应当从长计议,那么在年老的希庇亚斯一次又一次的请愿(希庇亚斯此时正在为波斯宫廷效力)之下,他的决心恐怕是会有所松动的。最后，大流士解除了马铎尼斯的指挥职务，具体原因尚未可知，或许是因为马铎尼斯在色雷斯的惨败，或者是由于他受伤的身体尚在恢复当中。猜测来看，马铎尼斯很快就重获王室器重，因为公元前480年薛西斯发动更大规模的入侵战争期间，他还担任了军队指挥官。

大流士以达提斯和阿塔佛涅斯取代了马铎尼斯的位置。阿塔佛涅斯是大流士的侄子，击垮爱奥尼亚起义的阿塔佛涅斯总督之子。不过他年纪轻轻，缺乏作战经验，让人不得不猜测他并未被赋予指挥全军的责任。他很有可能是代表皇室随军出征，表明大流士对此次任务的看重。达提斯是米底人，也是久经沙场的军事领袖，可能担任过拉德岛战役中波斯舰队的指挥官，后来还负责镇压继续起义的爱奥尼亚城邦。

两人离开大流士的朝廷，带领一小队波斯精英步兵，可能还有部分波斯骑兵及萨卡骑兵分遣队，往西里西亚进发。他们一边行军，一边招募士兵，爱奥尼亚是重点征兵地区。据猜测，为镇压爱奥尼亚和入侵色雷斯而征召的士兵们应该很渴望能够获得额外报酬。两位指挥官带着浩浩荡荡的人马抵达西里西亚，与拥有600艘船只的波斯舰队会合。波斯舰队中部分船舶专为运输马匹而造。如果这个数字属实，我们可以对波斯军队的规模做出合理估计。达提斯通过间谍活动和侦察得知，雅典拥有70艘三列桨座战船，埃雷特里亚的数量更多。爱奥尼亚起义期间，波斯舰队曾遭到埃雷特里亚人重创，因此波斯人对他们绝不会掉以轻心。

第五部分 战 役

雅典与埃雷特里亚的舰队虽尚未结盟,但达提斯必须为这种可能性做好万全准备。波斯人喜欢首先从数量上压倒敌人,因而达提斯希望能够以至少 300 艘战舰应对 150—170 艘希腊船舶。运输马匹的船舶数量未有文字记载,不过,波斯人战前做了一年的准备工作,推测这个数字或许是 50 艘或者更多,如此算来,还有 250 艘用来运输供给和士兵。

战斗期间,每艘三列桨座战船总共需要 170—200 名水手,只能运载 30 名士兵或海军。运输船主要依靠风帆航行,对桨手需求量较低,可以容纳 80—100 名士兵,但他们必须和供给品共用空间。与此同时,骑兵很可能要与自己的马匹搭乘同一艘船,这些船上还要装载大量的饲料,至多能够容纳 20 匹马。总的算来,波斯远征军中应该包括近 3.5 万步兵/弓箭手、1000 名骑兵,以及 5 万多名水手。这一估算还有待商榷,不过与之前对波斯在公元前 490 年所能集结军队的数量估计结果基本一致。

为了提防暴风雨侵袭,舰队起初一直沿爱奥尼亚海岸贴近海滨的地方行驶,朝纳克索斯岛进发。波斯人没有忘记,纳克索斯岛曾成功阻挡波斯的进击和围攻,迫使阿里斯塔格拉斯发动起义,导致爱奥尼亚起义发生。达提斯抵达纳克索斯岛之前,波斯尚未征服此地,但纳克索斯人明白,他们没有可能在沿着自家海岸进行的大规模远征中得以保全。米利都的惨状还历历在目,于是,纳克索斯人放弃城池,逃亡到了山上。复仇心切的波斯人仔细搜查这里的乡村地区,大开杀戒,最后放火烧毁整座城市。大仇已报，波斯人继续扬帆航行。

波斯人快要到达提洛岛的时候，当地人听闻纳克索斯岛的下场，也纷纷逃入山中，或是乘船前去附近的蒂诺斯岛。但这次达提斯无意报复，对提洛岛采取了完全不同的政策。他将舰队停泊在提洛港口之外的里尼亚岛海湾，应该是为了确保他的手下不会私自去抢劫。他派人请来阿波罗神庙的提洛祭司，告诉祭司们，大流士禁止他伤害提洛人、提洛土地和提洛神庙，然后命他们返回家中。为证明自己的诚意，他向神庙赠送了价值300塔兰特的乳香。波斯人安抚好提洛人以后，在附近的岛屿巡回了一圈，招募士兵的同时挟持人质，以确保岛上居民不会给自己带来麻烦。埃维亚岛南岸的卡里斯托斯人是唯一拒绝交出人质，与朋友和邻居开战的人民。希罗多德写道，波斯人"围攻他们的城市，蹂躏他们的土地，直到卡里斯托斯人接受波斯的思维方式"。

达提斯确保了爱琴海上的岛屿不会与波斯作对，便开始将注意力转向他的第一个目标——埃雷特里亚。埃雷特里亚为烧毁萨第斯付出代价的时间到了。埃雷特里亚人很清楚，他们将要面临的是一场厄运，纳克索斯人的下场就是最好的证明。埃雷特里亚城内处处弥漫着迷惘与惊恐。他们已派人向雅典求助，但尚未收到回复。城中部分人试图像纳克索斯人那样逃到山上；其他人呼吁紧闭城门，守卫城池至最后一刻。这不失为一个上佳的策略，因为达提斯随军携带攻城设备的可能性几乎为零，只要牢牢守卫城池数周，就能为希腊重装步兵争取宝贵的备战时间，甚至斯巴

第五部分 战 役

达人也可以赶来援救。然而,这一策略获得成功的前提是城中无人背叛,结果出现了叛徒。

雅典人忙于争辩是否援助埃雷特里亚之际,命令定居哈尔基斯的4000名雅典殖民者先去支援埃雷特里亚。殖民者的行动极为迅速,令人不得不怀疑他们是否事先就在等待这个命令的下达。然而,他们行军刚到一半,却收到埃雷特里亚内部产生分歧的消息。眼见这座城市已经无药可救,殖民者们便穿过狭窄的海峡,去了阿提卡。希罗多德未曾提及这些重装步兵,他们可能是参加过与底比斯之间战争的老兵,不过雅典不会忘记他们。虽然希罗多德在此后彻底遗忘了他们,雅典人却绝不可能在形势最严峻的时刻忽略这样一支身经百战的大型军队。考虑到他们不在马拉松,很可能是奉命前去阻止米底人离开马拉松往北逃走,并密切监视已经投向波斯一边的底比斯人。希罗多德再未讲到这支队伍,这或许从侧面反映出,那座城市和从前的殖民者之间关系极为紧张。

即便没有雅典殖民者的支持,埃雷特里亚也不是毫无防备之力。它的城墙固若金汤,3000名重装步兵时刻待命。这些人在战场自然无法对抗威风凛凛的波斯军队,但只要将领们众志成城,守卫城墙是绰绰有余了。波斯人刚抵达埃雷特里亚,就一刻不歇地开始发动袭击。袭击失败了,因为他们将在之后的6天接连失利。当时的战况尤为激烈,双方伤亡都相当惨重。到第七天,两个地位显赫的埃雷特里亚公民欧福耳玻斯和奥奇玛切奥斯选择了

文明的冲突
THE FIRST CLASH

背叛，为波斯人打开了城门。历史上无人记载这两个叛徒的下场，我们知道的是，波斯人将城市洗劫一空，放火烧毁神庙，让存活下来的公民沦为奴隶，并将他们运往波斯。

波斯人完成第一个目标，在岛上停留了几日。他们可能是需要一定时间从与埃雷特里亚人的激战中恢复元气。而且，此时距离他们从波斯出发已有数月，最初携带的供给应该已经所剩无几。在开始下阶段的征战前，他们要储备食物，并给马匹适应从吃饲料改为吃青草的时间。达提斯此时已经完成一半的任务，不过，真正的任务在狭窄海湾的另一头。他对于胜利自然是信心满满，但他这样经验丰富的指挥官断不会贸然出兵。

实际上，波斯人在埃雷特里亚犯下了无法弥补的严重错误。他们摧毁城市，将居民变为奴隶，这给雅典人传达了一个信息，一个完全错误的信息。雅典与埃雷特里亚一样，就如何应对波斯大军有着巨大分歧。当时，那些主张顽强抵抗的人占据上风，但也有不少人支持与入侵者和解。埃雷特里亚的悲惨命运终结了雅典人的分歧。达提斯一时糊涂，令雅典人警觉到这样的事实：尽管雅典曾经的僭主还在波斯军中，但若想以允许他重回雅典为条件换取和平是不可能的。他们的城市将会被焚毁，他们中的很多人将会被运往波斯，成为大帝的奴隶。

达提斯的波斯军队与雅典重装步兵相遇时，雅典人团结紧密，心中只有一个念头——不是胜利就是死亡。所有人都知道，一旦失败，厄运不但会降临到自己头上，就连家人也无法幸免于难。

第十八章
马拉松平原

公元前490年8月初,波斯军队登陆马拉松平原。他们将这里选作登陆地点的原因很多,其中最为主要的一条就是希庇亚斯的建议。此时的希庇亚斯年近八十,还在做最后一次争夺权势的努力。年轻时意气风发的希庇亚斯与父亲庇西特拉图来到同一个海岸,这样的回忆肯定还历历在目。那时,山区的人们集结起来,为父亲的大业努力拼搏,跟随他踏上进军雅典的胜利之旅。希庇亚斯希冀再次获得同样热烈的欢迎,并向波斯人承诺,这场景必定会出现。然而,斯巴达军队将希庇亚斯废黜并驱逐以后,阿提卡已经不复当初,我们可以想见希庇亚斯面对此情此景的震惊以及达提斯的不悦。山区的人们对生活依然怀有不满,但他们会在公民大会中寻求解决之道，而不是把希望寄托在僭主转瞬即逝的慈悲之上。

波斯人并未直接朝雅典进军，而是在海岸平原上逗留了相当长的一段时间。他们逗留的具体时长我们无法查证，但这时间足以让雅典军队集结在唯一通行的出口。有人认为，波斯人停在原地是为了等待希庇亚斯的追随者，他们原本期待这些人会一呼百应，蜂拥而至，支持希庇亚斯的大业。另有人称，波斯是在期待雅典的和解派占得上风，这样波斯军队就能一路畅通无阻地进入雅典城内。两种答案似乎都不正确。达提斯曾指挥过无数场战争，他自然会从军事现实出发进行计划或部署，而不是将希望寄托在不确定的人民起义之上。一个简单的军事常识可以解释波斯为何迟迟没有进攻：即便到了现代，两栖登陆都会造成空前的混乱。在遥远的古代，要将摇摇晃晃的木船拖上岸，或将它们停泊在浅滩，让数千人、数吨的供给品，以及1000匹马下船，恢复军队秩序，绝非易事。在这个过程中间以及完成之后，波斯人必须修建加固防御的兵营作为基地。他们要沿着海滩竖立栅栏，在军队进攻雅典时保卫自己的船只。如果他们不能做好这项工作，任由雅典人派兵来到海滨，将船舶所有付之一炬，波斯人必将被困在阿提卡无法脱身。

除此之外，还有一个最重要的原因：雅典人事先无从知晓波斯人上岸的地点，但推断来看，马拉松平原是首选之地。将它选作登陆点的原因甚多。希罗多德也曾说过，平原地形于骑兵而言

第五部分 战 役

是绝佳战场。平原边缘有一处将近90度的海岬向外突出，如同天然港口般为波斯的大型舰队提供良好庇护。这里与雅典的距离恰到好处，波斯人登陆后，不必担忧雅典在自己完成卸载之前就兵临海岸，而且，由此处急速行军，只消一天就能抵达雅典，当然是在所遇城门都向他们大开的前提下。

然而，他们所遇城门都是紧紧关闭的。过去20年间，雅典经历了一次次战争的洗礼，自然会有所长进。马拉松平原于波斯人而言有诸多益处，却存在一个致命缺陷：军队若想急速行进，只能从唯一的出口出去，加之这里曾是庇西特拉图成功入侵所选道路，雅典必定会派重兵把守。波斯人之所以没有即刻从马拉松出发，是因为几百名重装步兵正峭然不动地屹立于南边道路一道设防的城墙之后。他们不可能永远保持防御姿态，但他们也无须如此。等到波斯人整合军队，自信能够横扫希腊重兵之时，其余雅典军队已经火速赶来。

波斯第一艘船只刚刚触岸，雅典人可能是通过烟雾信号，在一小时之内就得到消息。希罗多德说，雅典人立刻出兵应对危机，毫无疑问，他们集结军队的时间很短。从波斯开始穿越爱琴海时，雅典人就已经开始集结了，而且很可能在埃雷特里亚被攻陷时他们就已经整装待发了。他们一得知敌人的登陆地点，便立刻奉命朝目标出发。雅典人早已做好派兵出战的计划。雅典之前就主动出击直面敌军，还是模仿埃雷特里亚人坚守城墙进行的，讨论详情我们不得而知，但这样的激烈争论必定发生过。亚里士多德和普鲁塔克在书中都曾提及,雅典人针对这一问题进行过商议,米太亚德成功说服雅典公民大会成员,雅典人最好的出路就是在开阔的战场上展开决战。

倘若有人尚对待在原地坚守城池怀有幻想,埃雷特里亚人的命运便足以让他们的想法幻灭了。何况希腊城邦向来都热衷于主动出击,直面敌军。再者说,即便成功牵制波斯大军,原地固守也需要付出惨重代价。雅典城只能容纳阿提卡不足三分之一的人口,关闭城门等于将其余人白白送入虎口。波斯来犯正好是阿提卡收获的季节,一把大火就能将所有粮食付之一炬,而波斯舰队已经阻断雅典贸易航线,雅典人就连购置新粮食的可能都已失去。假设波斯人毁坏阿提卡的橄榄树,雅典经济将需要几十年才能复原。如果在波斯大军忙于围攻 1 万人的雅典重装步兵时,1.5 万的斯巴达和伯罗奔尼撒盟国军队正在逼近他们的后方,波斯人的最终下场恐怕不会太好。

斯巴达人已经出发。

雅典军队朝马拉松进发的同时,雅典传令兵菲迪皮德斯奉命跑向斯巴达,请求希腊最强大的军队予以支援。菲迪皮德斯第二天就抵达斯巴达,告诉执政官们:"斯巴达人,雅典人恳求你们火速支援,保卫希腊最古老的城市,避免它落入野蛮人的手中,受到野蛮人的奴役。埃雷特里亚已经被波斯征服,希腊已经失去了一座城池。"斯巴达人心中明白,雅典一旦沦陷,他们也将面临生死危机,于是毫不犹豫地决定出兵援助。然而,雅典使者来

第五部分 战 役

到斯巴达时，正好赶上他们庆祝斯巴达众多宗教节日中的某一节庆，军队必须等到满月升起后才能出发。很多评论者认为，斯巴达迟迟不肯出兵的举动，反映了他们希望雅典战败的隐秘愿望。

不过，斯巴达人向来以极度虔诚而闻名，他们提出的满月之谈也是有可信度的。古希腊时未曾有人质疑过斯巴达人的虔诚。满月升起不久，首批2000斯巴达战士便火速出发，证明节庆结束前他们就已经聚集在斯巴达港口，而且他们后来也是全速行军。至于为什么斯巴达军队没有立刻出发，以及为什么没有派出整支军队，而只派遣了2000重装步兵，我们也能找到原因。柏拉图说过，斯巴达人延迟出发的原因是他们当时正在麦西尼镇压希洛人起义。其他资料也表明，斯巴达人当时正经受内乱困扰，只是其严重程度无从得知。雅典的先锋部队不出半天，赶在日落之前就抵达了马拉松，十将军和执政官卡利马库斯很可能就在其中。他们站在山上，眺望远处，3.5万波斯大军在平原部署阵形，数万水手还在海岸附近游荡，为晚餐做着准备。不知道身经百战的卡利马库斯扫视一圈山下之后，嘴角是否露出一抹掩饰不住的微笑。波斯人将自己装进了瓶子，而他就是堵塞瓶口的软塞。他要做的就是等待时机，届时大自然会了结波斯军队。

我们有必要讨论一下战争中最主要的，也是被许多描写马拉松战役的古典主义学者所忽视的因素——后勤。波斯人一个月前踏上征程，最初运载的供给品必然已经耗光。他们在埃雷特里亚获得了补给，但一个刚经受完7天围困的城市并没有太多贮藏，而且当时城内粮食储备本就处于低谷，新粮食又还未到收割的季节。波斯的 8 万大军（士兵以及水手）每天至少需要 22.5 万磅的粮食和 5 万加仑①的水，而马匹每天需要 2.5 万磅的饲料（在雅典大军的眼皮底下，波斯人应该不能放它们出去吃草）和 1 万加仑的水。波斯人从当地的溪流、水井、马拉松平原的大沼泽（如果这里的水含盐量较低的话）可以取得一定水资源，但这些水加起来恐怕也满足不了波斯大军的全部需求。而且，雅典人或许会在山上筑坝拦水，限制流进溪流的水量，并向小溪中投入动物尸体，污染水质。

波斯还面临一个更为严峻的问题：如何解决食物不足的状况呢？波斯人绝不可能设立一个类似军需部的组织来从当地获得食物供给。雅典重兵把守，轻装部队时刻巡逻，重装步兵布满山间和腹地，波斯人根本无法外出寻找粮草。雅典人牢牢守卫山区，任何人都无法走出平原，如若硬闯，必定是死路一条。假若波斯人安排舰队在附近岛屿运输供给，倒也是一条出路，但是，当时正值即将收获的时节，这些岛上的库存恐怕已接近零。波斯军队即便减少一半食物摄取，还是免不了要忍受相当时日的饥饿。

除了后勤之外，历史学家从未提及，且士兵们经常忽视的一点就是，军队在短时间内制造的排泄物（无论他们是按全额定量还是半额定量获取食物的）是非常可观的。按照古时候的卫生条

---

① 容积单位，1 加仑 = 4.54609 升。——编者注

第五部分 战 役

件,这8万人挤在一个局促的空间里,不出多久,居住条件就会令人难以忍受。在这个地方停留太久,不仅会让人身体不适,更会走向不可避免的结局:古时候人类的天敌——疾病将会光临,转瞬之间摧垮整个波斯大军。

达提斯亟须尽快做出决定,否则他只能悻悻而退。卡利马库斯也深知这一点,所以才让人不禁猜测,他站在山上思考种种可能性时,必然是遏制不住内心笑意的。波斯人若选择开战,他们要应对的是一支立于防御稳固之地的雅典队伍;达提斯若下令撤退,他们需要花费时间让士兵和马匹在开阔的海滩上船,势必会重复之前下船时候的混乱景象,留给雅典人足够的时间来训练、准备和等待斯巴达人赶来。

雅典军队沿着南部道路抵达马拉松,一路穿过帕勒涅,从彭特利库斯山南边绕过,由平原的东南方向进入。另外一条路线是绕过彭特利库斯山的北边,从平原西方的瓦尔纳村庄进入。但是第二条路线与羊肠小道类似,不适合大型军队行军,后勤供应也会极不便利。雅典人刚刚抵达平原边缘,就在赫拉克勒斯神殿安营扎寨,并与1000人的平原重装步兵会合。雅典人选择的这座神殿位置绝佳,周围分布着广袤而浓密的树林。证据表明,这里还建有一道墙壁,但它不太可能绵延很长距离。从总体来看,这里可以很好地防御和抵挡骑兵及步兵的进攻。

在雅典人面前,是一马平川的马拉松平原和展开阵形的波斯军队。平原四周环山,即便没有整装待发的雅典步兵,足以将波斯人围困起来。查拉德拉河（实际上就是一条较大的溪流）将平原分为南北两半，平原北部是一片广阔的沼泽地，任何大规模军队几乎都无法穿越。在沼泽地的北部边缘，吉瑠索拉半岛向外延伸，与海滩形成垂直之势，为停泊在海洋和大沼泽之间狭窄沙地上的波斯舰队提供了完美的庇护。沼泽地与雅典驻军之间唯有贫瘠的平原，零零散散地生长着一些树木。

希罗多德讲述了雅典大军抵达马拉松的过程，却未解释他们抵达之后做了些什么。后来几天时间里，双方都选择按兵不动。根据希罗多德的记叙，那段时间里唯一值得注意的大事，就是十将军和雅典军队总指挥卡利马库斯就发动进攻的可行性爆发过一场争论。根据希罗多德的记载，10位雅典将军轮流每人指挥队伍一天，卡利马库斯的执政官角色有名无实，未被赋予超越任何一位将军的权威。我对于这种看法的准确性持强烈的怀疑态度。

希罗多德是这样记述将军们的争论的：

> 雅典将军意见产生分歧：有人反对参战，认为雅典军队人数不足以与米底大军对战，而包括米太亚德在内的其他人则坚决支持开战。

正反观点各有5位将军支持，无法形成统一意见，米太亚德请求卡利马库斯投下决定性的一票。卡利马库斯被米太亚德的雄辩说服，将票投给了主战派。

第五部分 战 役

> 卡利马库斯，雅典人成为他人奴隶，还是争取独立自由，一切由您决定！请将票投给我们，守卫祖传土地，将雅典推上希腊城邦之首！

随后，其他 4 位支持米太亚德的将军将自己指挥军队的天数转交给他，方便米太亚德在合适的时机出战。米太亚德接受了他们的好意，不过希罗多德记载道，他直到本就该自己指挥军队的那天才发动了进攻。

我们有很多理由来怀疑希罗多德的记载。首先，希罗多德关于雅典人通过抽签选择执政官的记叙就不正确。他很可能是从后来的雅典惯例，以及和平时期由十将军委员会主持军政事务来推出这一结论的。然而，在公元前 490 年，执政官是由雅典公民大会选出，一旦接受任命，这位执政官就会担任总指挥。之前我也说过，在生死存亡的关键时刻，公民大会自然会选择一位作战经验丰富，并在过去为他们赢得不少战役的将领。希罗多德从未介绍过战胜底比斯人、哈尔基斯人、埃伊纳人，并迫使斯巴达人撤退的指挥官是谁，我们只能根据可能性展开猜测。只要雅典人拥有一丁点常识，他们肯定会选择这个战果累累的将军。因此，卡利马库斯绝非仅有政治上的重要性。他还是一位声誉颇高的士兵以及将领，能够得到 10 位将军和军队的充分尊重。

有人猜想道，参加战斗的结论其实在雅典就已经做出，军队迅速出兵就是对这一事实的证明。由此看来，将军们没有必要在

文明的冲突
THE FIRST CLASH

马拉松进行上述讨论，他们很可能不是就是否出战，而是就如何出战产生了争论。有人认为，雅典人慑于波斯军队的规模之大，开始重新思量是否开战。这种可能性其实很小，因为在波斯军队穿过爱琴海行进的过程中，尤其是他们停留在附近的埃雷特里亚时，雅典人已经收到无数关于波斯军力的报告了。在漫长的战争史之初，人们就学会了侦察敌方兵力，但有关兵力的报告往往是在严重夸大事实。所以雅典人看到马拉松平原上的波斯军队，应该不是震慑于其庞大，反而是惊讶于其相对报告而言的渺小。来到马拉松的雅典军队曾经逼退过人数远超自己的伯罗奔尼撒联盟军队和令人闻风丧胆的斯巴达战士，又怎会在此时露怯？

那么，我们该如何看待希罗多德的记叙呢？首先，没有任何一支军队是由 10 位将军共同指挥的。从历史上所有军队的指挥方式来看，希罗多德所呈现的是一个"战争委员会"，这个委员会有权给出建议但无法指挥。卡利马库斯会跟历史上所有的指挥官一样，寻求 10 位将军的建议，而决定权只握在他一人手中。雅典将军们抵达马拉松之后需要考虑诸多问题，争辩在所难免，但决定是否开战的权力一定不是握在他们手中。雅典人早已做出决定了。按照传统，米太亚德在争取公民大会同意开战中发挥了不可取代的作用。实际上，在一支实力强劲坚不可摧的敌军面前试图撤退才是难度最大的军事行动。如果波斯在阿提卡的平原地带追上一片混乱的（军队撤退时出现这种状况无法避免）雅典军队，等待雅典的结局唯有全军覆没。

第五部分 战 役

雅典人为战而来。他们尚未确定的是何时开战,如何开战。米太亚德将在这时候再次发挥至关重要的作用,因为他是唯一熟悉波斯军队的雅典将领。卡利马库斯愿意倾听他的建议,这是值得称赞的做法,也是一流指挥官所必须拥有的胸怀。

这个时期还有一件事情可以证明卡利马库斯是军队的最高领导者,也是马拉松战役的真正英雄。公元前490年,雅典人在卫城顶端为卡利马库斯竖起一座纪念碑,米太亚德就未能获得这样的至高荣耀,事实上,当时的他正奄奄一息地经受牢狱之灾。纪念碑上铭刻着下述文字:

> 阿菲德纳的卡利马库斯,将我献给雅典娜:
> 我是奥林匹斯山上十二主神的信使。
> 他百战不殆,他是雅典人热烈拥护的执政官。
> 他是最为勇敢的战士,是人们崇拜敬重的将领。
> 敬献给雅典所有的战士,敬献给英勇无双的卡利马库斯。

至少在公元前490年,雅典人对于马拉松战役最高指挥官的身份是确信无疑的,他的英勇战斗为他赢得名望,也带领雅典人走向胜利。可惜的是,卡利马库斯死在了马拉松战场,无法保护自己在历史上的名誉和地位。一代斐赖家族成员的鼓吹和西蒙(米太亚德之子)重塑父亲名望的不懈努力扭曲了马拉松战役的真相,这对历史来说是一个巨大的不幸。

对于其他将军把自己的指挥日转交给米太亚德,最为合理的解释应当是,卡利马库斯坐镇指挥之余,其他十位将军承担类似今天值班官员的职责,确保营地每天的活动正常进行,包括例行训练、队伍集合,以及军力展示。米太亚德是唯一与波斯交战过的指挥官,他所提议的对抗波斯的战略战术及训练重点对雅典获胜贡献重大。因此,命米太亚德连续数日负责训练和准备工作是一个行之有效的做法。他最有可能的角色应该是卡利马库斯麾下的参谋长或副指挥官。

这也解释了为何雅典人抵达马拉松平原后没有立即发动攻势。首要原因自然是斯巴达人承诺要施以援手,倘若等待几天就能得到数千嗜血狂魔般的斯巴达硬汉加入,便断然没有孤身出战的必要了。许多历史学家认为,雅典人在等待期间无所事事,事实却非如此。

希罗多德未曾记载雅典人这几日的安排,不代表雅典人就在静坐等待。闲散对于军队而言意味着锋芒尽失,任何一个称职的指挥官都不会放纵雅典重装步兵除了思考和担忧之外无所事事。我们切不可忘记,这支军队经受过无数次战争的洗礼,深知职责所在,明白指挥官对自己的期待。雅典人抵达目的地后,立刻搭建营地,并很可能加以设防,这最能解释为何波斯军队没有袭击雅典人。与未曾设防的方阵正面交锋已非易事,进击设防营地的成功概率更要低上几分。

重装步兵们每天早上都会在营地前集合,摆出战斗姿态。这

第五部分 战 役

是一个重要的心理机制,在加强雅典自信之余,还能向波斯军队展示希腊的大无畏精神。波斯人应该也会做出同样的举动,因而双方可能会长时间站在灼灼烈日之下,奚落彼此,也为自己打气。重装步兵不间断展示力量的行为对波斯人而言有一个重大好处:他们不用继续猜测雅典人将会如何进攻。一万势如钢铁的重装步兵会组成紧密阵形,直接攻击波斯军队。奇怪的是,波斯人居然未对这样的攻击做任何准备。从另一方面来看,即便米太亚德对波斯军队有一定了解,雅典人对于波斯军队还是存在很多未知之处,不过他们一直在增进对对方的认识。

我们可以想象,米太亚德站在卡利马库斯身边,看着波斯军队日复一日地集合、操练。卡利马库斯以其老到的眼光,肯定发现了其中奥秘。波斯总是排成同样的阵形,将最优良的波斯和萨卡士兵置于中央,他也必定注意到了骑兵的部署位置。一些分队的集结速度较慢,一些纪律较为松散,在八月的烈日之下并不能保持屹立不动。他肯定注意到了,远离精锐核心的敌军士兵明显纪律较差。他能看见别人看不见的东西。

波斯军队的侧翼并不牢固。

卡利马库斯的脑中生出一个计划。这位经历过无数次鏖战的将军,雅典的执政官,知道该如何打败波斯大军。

第十九章
大战前夕

达提斯不能再等下去了。已经过去了 5 天，军中食物储备所剩无几，营地生活条件急剧恶化。或许，他想过要直接进攻希腊军队营地，却不得不对可能出现的后果感到畏怯。他每天看着希腊军队在营地前方集结，盾牌闪闪发亮，长矛锋芒毕露，向波斯人发出挑衅。在倒下的树后面，聚集着上万军纪严明的重装步兵，数千轻装部队立于其后。达提斯总能透过现象看到深层，要想将希腊人从他们的驻地驱赶出去，波斯需要一支势不可当的大型重装步兵队伍。所以，他需要想方设法诱使希腊人进入平原，主动进攻，失去庇护的希腊军队将会沦为波斯弓箭手的猎物，可惜雅典人并未表现出采取这种自杀式战术的倾向。

第五部分 战 役

达提斯别无他法,只得下达第二天行动的命令:拔营回船。这种极度危险的做法实质上增加了招致对方进攻的风险。解散营地加上让船只就位,需要耗费一整晚的时间,为了不让雅典人发现,波斯人煞费苦心。达提斯知道,让骑兵上船是最为艰巨的一项任务,他们必须在天亮之前登船,其余军队在一旁站岗放哨。一切顺利的话,波斯军队就会安然立于沼泽地和大海之间的狭窄海滩,可以高枕无忧。其他军队登船时,波斯和萨卡精英就在几千弓箭手的保护下稳住阵线。这绝非万全之策,但他别无他选。达提斯在研究了大帝命令他们必须摧毁的这支军队之后,肯定又想道:要是雅典人主动进攻该有多好。

当天晚上,雅典人听到波斯营地传来异常的响动。卡利马库斯必然已经猜到波斯人在做什么,但他需要证实自己的猜测。他派间谍出去打探消息,很快就得到肯定的答复:波斯人准备离开。希腊将军深知,他们不能让波斯人毫发无损地离开,否则他们再次来犯时必将会带来不可预测的深重危机。波斯人下次进攻还有很多路线可选,其中任何一条于雅典而言都是极为不利的。他们可以向北航行至底比斯,而底比斯不但是雅典的死敌,还曾向波斯人献上土和水。波斯人将获得底比斯重装步兵的支持,这正是波斯所急需的力量。或者,他们可以从另一地点登陆,赶在雅典重装步兵返回之前就朝雅典进发。又或者,他们可以突袭沿岸众多地点,给雅典造成致命损失。更加危险的是,他们可能会与埃伊纳岛联合,在岛上过完冬季,恢复力量,次年再度进击阿提卡。他们甚至可以与阿尔戈斯联手,首先对付雅典的得力助手斯巴达。卡利马库斯考虑了所有的可能性之后,想法渐渐清晰起来:雅典要想存活,必须在波斯人离开马拉松海岸前,给他们造成尽可能严重的损失。

卡利马库斯知道,斯巴达人正在全速行军,奔赴马拉松支援雅典军队。可是,时间所剩无几,雅典士兵不能永远停留在备战状态。机不可失,时不再来。他召集齐10位将军,下令在黎明前集合队伍,准备战斗。此前他曾向将军们简单介绍了自己制订的取胜计划,从他的观察来看,波斯军队总是将精英队伍部署在战线核心位置,卡利马库斯打算摧毁的就是这部分队伍,唯有其才是波斯不可取代的战斗力。

雅典重装步兵必须尽量拉长战线,防止被人数远超己方的波斯军队夹击。雅典战线两侧部署8列士兵,中心为4列。他的计划要求两翼取胜,而中军将精英波斯士兵引入圈套。这个计划实际上极为凶险,倘若雅典中军在两翼获胜之前不幸被击破,等待雅典的唯有灾难。

这是一个精妙绝伦的计划,足以证明卡利马库斯是位出类拔萃的将军。

第二十章
马拉松战役

*爱德华·克里西*在 1851 年出版的著作中重现了马拉松战役，此后历史学家们陆续呈现了几十个经过仔细研究而得出的版本，更有数百个稍显粗糙的版本。本书从最古老最可靠的第一手资料出发，尽可能精确地重现马拉松战役的场景，但因其独特性，与其他历史学家给出的描述必然存在明显出入。为保证记叙过程的流畅，我没有加入相关证据的反面解读，但我会在之后的章节中对有关这场战役的所有"大争论"进行讨论。

对于大多数人而言，那晚注定是个不眠之夜。即便是久经沙

文明的冲突
THE FIRST CLASH

场的将士,也很难在大战前夜安然入睡。奴隶们一刻不停地打磨盾牌和盔甲,使其明光锃亮。投石兵在铅质弹丸上刻下侮辱性的字眼。雅典军中为数不多的弓箭手拿出弓和箭。重装步兵们脸上写满紧张,一遍遍磨砺手中的武器。将军们四处巡视,在每组士兵面前都要稍做停留,说一两个笑话,给大家打打气,讲讲有人曾经的英勇事迹,竭力抚慰战士们的焦虑情绪。不过,他们大多时候都在反复钻研作战计划。要在清晨的战争中取胜,以下三点至关重要:勇气、人人都知晓计划内容及自己的角色,以及钢铁般的纪律。

拂晓之前,希腊军队集合。与平时一样,没有早餐。听到拿起装甲的命令,他们没有发出一丝声音。士兵们将沉重的圆盾牌举上肩头,或独自,或几人一组,从防御屏障的缺口穿过。满月已经消散,但士兵们借助余光便足以找到自己在阵形中的位置。所有人都一言不发,几千只脚拖在地上的沙沙声和圆盾牌相互碰撞的声音,打破了沉寂。纵观整条战线,老兵告诉首入战场的年轻士兵,要尽量保持紧密队形,尽可能借助旁边战友的盾牌保护自己,对他们说着鼓励的话语。到处都能看到有人——用一位希腊剧作家的话说——"尿湿了裤子",甚至有人会大便失禁。未来大家会将此作为笑谈,但在当下什么都没说。恐惧是再自然不过的事情。只要他坚守阵地,其他什么都能原谅。

天亮了。

神圣的赞歌响起。

第五部分 战 役

命令下达——前进。

士兵从头盔的狭缝里看过去，依稀可以辨认出战友甚至还有敌人的脸庞。今天，敌我双方都放下了争吵。雅典核心部队来自莱昂蒂斯部落，由地米斯托克利指挥。薛西斯返回希腊，继续大流士未完成的事业时，地米斯托克利成了希腊的救世主。地米斯托克利身边站立的是安条克部落将军阿里斯提得斯。两位将军向来不和，不久，地米斯托克利就会将阿里斯提得斯从希腊驱逐出去，但很快又将他召回，对他委以在公元前479年普拉蒂亚决战中指挥雅典大军的重任。不过，在马拉松战役这天，两个部落的将士并肩而立，共同承担最艰难也是最危险的任务，雅典取胜的所有机会都要仰仗两位将军的英勇果敢。他们如普鲁塔克所说，迎接挑战，"（两个部落）肩并肩勇敢战斗"。靠近大海的阵线最右方部署的是安提斯部落。司德思里奥斯站在他的父亲，也是部落将军的特剌叙劳斯的身旁。执政官与安提斯部落一道作战，他站在军队最右侧。这将是他人生的最后一场战役。在战争进入高潮时，他被无数把长矛刺中，身体直挺挺地死去。希腊最伟大的剧作家埃斯库罗斯当时也在安提斯人的阵营当中。这是他奋勇杀敌的一天，也是他目睹哥哥塞尼格鲁斯在胜利最后一刻战死疆场的悲剧一日。

黎明拂晓之后，同前几日一样，波斯人清楚可见希腊军队的身影。

然而，今天的希腊人是沉寂无言的，再无人继续前几天的奚落嘲讽。达提斯忙于装载船上人员和物品之时,是否注意到了这异样的沉默?或许没有。夜晚装载进行得并不顺利,因为波斯人从未有过这样的经历。他们破坏了大部分的营地,搜刮来的战利品却还在原地纹丝未动。波斯人赶在天明前将大多船舶推进了水中,可相当多的马匹还停留在海岸。

达提斯曾经受过无数场战争的考验,他肯定注意到了,雅典战线比往日显得紧凑,士兵纪律也比平时要更为严明。他很可能也发现,盾牌和甲胄经过抛光,变得异常闪亮。这到底意味着什么?他或其他波斯人就算确实感受到了异样,也未改变每天的惯例。他们还是像到达马拉松平原的前几天一般,组队站在希腊人对面。他们似乎没有必要着急,毕竟波斯有着三倍于雅典的军队,希腊人断然没有胆量主动出击。

这时,希腊人开始齐声高唱赞歌。波斯人看着对面的希腊人,满脸都是迷惑。

歌曲结束,重装步兵迈出步伐。他们先是走了几步,然后开始提速,从快走形成慢跑之势。重装步兵肩并肩,盾牌挤盾牌,尽可能将右侧身体置于身旁盾牌的庇护之下。军队全速前进,士兵心中的恐惧和惊慌已然消散。尿裤子的士兵们从周围勇敢冲锋的战友身上汲取力量,不再畏惧。行至距离敌军 600 码的地方,重装步兵以激昂的语调,喊出震耳欲聋的战斗口号:阿来!!!

波斯人不敢相信自己的眼睛。既无骑兵,也无弓箭手,雅典的进攻只能用疯狂二字形容。但雅典人的确冲过来了,而且攻势

第五部分 战 役

异常迅猛。

波斯指挥官们立刻列阵迎敌。手持柳条盾的士兵走在最前面,成千上万的弓箭手负责殿后。不消片刻,无数支致命的箭矢将飞向天空,雅典人如何能够抵挡呢?所以面对进攻迅猛的雅典,波斯军队丝毫未曾露出恐惧之色。他们也是专业的作战之师,是亲历无数血战的胜利之师。波斯士兵从未见识过这般气势汹汹的方阵,但他们坚信自己很快就能击垮来犯的重装步兵。

波斯的长矛兵上场了。他们耐心等待遮天蔽日的箭矢降落,杀伤大半敌军。接下来,波斯步兵要做的就是解决残兵败卒。

然而,他们现在所面对的是完全不同的战争。雅典士兵在200码开外的时候,由小跑升级为冲刺,前进的速度之快简直不可思议。雅典重装步兵已经完全掌握了对付其他重装步兵的战术,绝不会任凭自己被强弓劲弩左右。重装勇士举起带有铁质矛头的长矛,与波斯人的木盾牌激烈碰撞,胜负立见分晓。他们近乎疯狂地推撞彼此,尖声大喊,奋力刺杀,连打带踢,用尽所有力气,直到对方无力招架而无奈溃逃,这样的对战场面可说是人间地狱。然后,真正的屠杀才开始。冲破恐惧的战士们化身嗜血狂魔,向四散而逃的敌人展开血腥大屠杀。

最后,波斯弓箭手开始齐射利箭,却没有收到预想的效果。他们从未见识过如此急速的进攻,许多弓箭手都无法正确估算射箭的时机。无数箭矢的落点都与目标相去甚远,大多射中雅典士兵的箭矢也被盾牌和重甲弹开。持盾手和保护弓箭手的步兵眼见上万重装杀手向自己逼近，不无恐惧地缓缓后退，弓箭手们则急忙张弓搭箭。

雅典士兵"阿来！！！"的呼声已到了震天动地的地步，而几千盾牌相互碰撞的巨大声响更加令人心惊胆战。伴随着响彻云霄的撞击声，紧凑严密的希腊军队进入攻击距离。

重装步兵以排山倒海的阵势冲进装备轻便的波斯军中，猛烈撼动波斯防线。雅典士兵将柳条盾践踏于脚下，瞬间夺走第一排波斯步兵的性命。雅典士兵刺向波斯士兵毫不坚固的铠甲，大多长矛依旧完好无损（这在重装步兵的战斗中实为罕见）。雅典长矛一遍遍向前猛刺，一排排波斯士兵顺势倒下。呐喊、尖叫、战斗、死亡，弥漫在整个平原。重装步兵很快攻破波斯步兵，来到了弓箭手中间。

现在，真正的杀戮开始了。

雅典重装步兵两翼按照卡利马库斯的部署排成 8 列纵队，安提斯士兵在右，普拉蒂亚士兵在左，以迅雷不及掩耳之势逼至波斯士兵眼前，打乱敌军阵形，摧垮其抵抗的决心。失去步兵保护的弓箭手拔出短剑匕首，顽强抵抗，然而他们的出击宛如以卵击石，在希腊紧密的盾牌阵前完全徒劳。希腊方阵形成类似今日的重装坦克之势，气势如虹，从波斯士兵身上碾压而过，无数人惨死于他们脚下。波斯军中有些幸运儿被推倒仅受了伤，性命并无大碍。这时，希腊前列将士从他们身上踩踏过去，试图杀死挡在面前的波斯士兵，或至少让他们遭受重伤，紧随身后的重装步

第五部分 战 役

兵高举长矛,刺中倒地不起的波斯伤员。那些从重装步兵手中幸存的波斯人没能躲过之后蜂拥而至的步兵,他们挥舞利刃,毫不留情地刺向面前的敌人。波斯侧翼在重装步兵的重压之下崩溃坍塌,拼命向后逃窜,希冀跑回船上,保全自己性命。

古代的战役里,失利方会遭受惨重伤亡的原因就在于此。惊慌失措的士兵四散逃窜,毫无防备之力。与之相反,追逐者在本能的杀戮欲望驱使下奋力追赶,几乎都会放弃阵形,疯狂进行砍杀。雅典人从距离波斯军队100码开始,就进入了这样的状态。

雅典人完成了不可能的任务。传统观点推断,雅典军队由毫无经验的乡巴佬组成,如果这种观点正确,那么雅典人在马拉松的确是完成了不可能的任务。

卡利马库斯看到剩下的波斯士兵方寸大乱,溃败而逃,便命人吹响号角,雅典军队右翼应声停下脚步。雅典军队重整阵形,突然90度转弯,杀戮暂时中止。大规模轻装部队从后方席卷而来,他们的装备与波斯相当,却占有不可估量的优势:他们在乘胜追击,而波斯人在惊慌逃窜。轻装部队不是取胜的关键,不过他们能向敌方持续施加重压,在卡利马库斯收网之时保护侧翼军队。另一侧翼的号角也已吹响,希腊和普拉蒂亚战士同样重整队形,冲向战场中央。这样的排兵布阵绝非一日就能运用熟练。雅典军队之前的表现显然出自职业军队,他们是在执行提前制订的完善计划,只在等待改变方向的命令下达。马拉松战役中雅典的调兵遣将难度极高,需要纪律如钢铁一般久经沙场的军队才能

文明的冲突
THE FIRST CLASH

完成。

雅典人的两翼势如破竹，中心却是另一番光景。这里的重装步兵仅有4列，莱昂蒂斯及安条克部落人数较少，不足以压倒敌手。而且他们面对的是波斯人和萨卡人组成的波斯精英核心，装备精良，军纪严明，要想获胜绝非易事。雅典的第一次进攻迫使波斯人畏畏缩缩地后退，但之后数量却成为至关重要的决定性因素。起初的冲锋几乎耗尽体力，希腊前列的将士们已难以应付长时间的战斗。希腊的后续重装步兵继续向前冲锋，企图继续给敌军施压，但此时波斯的强力反攻也展现出了威力。希腊中心军队唯一的优势在于，卡利马库斯只要求他们守住阵地，不用往前推进。然而，坚守原地也绝非易事。

英勇无畏的阿里斯提得斯和地米斯托克利不断鼓励雅典军队，但努力奋战的雅典人快要体力不支了。精疲力竭的雅典人抵挡不住波斯大军的反击攻势，开始由进转退。雅典中心兵力部署稀薄，在正常情况下，倒退就是灾难的前奏。不过，希腊的老兵们没有溃散。他们竭力以最慢的速度后退，撤退同时还在拼尽力气杀伤敌军。紧跟中心防线的是大批等级最低的战士，他们出身贫穷，无力购置重装步兵甲胄，只能拼命向波斯大军扔掷标枪和石头。

雅典人弓着腰肢步步倒退，进入营地附近的树林。那里的地面起伏不平，雅典方阵开始分散，紧密的盾牌之间出现空隙，重装步兵跟踉跄着倒下。安条克部落损失最为惨重，而阿里斯提得斯

第五部分 战 役

不会不知道，自己的部落也已接近崩溃边缘。片刻之后，雅典将彻底溃败，胜利将要属于波斯。

这时，救赎降临到了幸运的雅典人身上。

雅典侧翼队伍重整战线，再次开始进击，直指波斯中心暴露出来的侧翼。古战场上时常出现混战的场面，尖叫四起，恐惧蔓延，一切都笼罩在飞扬的尘土当中。波斯人和萨卡人很可能忙于和重装步兵决一死战，而眼见就要到来的胜利蒙蔽了他们的眼睛，他们未能察觉正在迫近的威胁。

希腊侧翼军队一鼓作气攻上去的时候，波斯人必定震惊万分。两架残暴无情的杀人机器冲入波斯暴露在外的中军，瞬间掐灭波斯人片刻前所见的胜利曙光。所有幸存的波斯士兵都拼命逃窜，更多的人却深陷原地，动弹不得，成为刀俎上的鱼肉。

达提斯看到中军惨遭屠杀，肯定会痛恨自己没有一支组织有序的军队，在此时发起有效反击。此时，他唯一能做的只有集结零散的士兵，命令他们振作起来，抵挡雅典轻装部队。达提斯深知，雅典军队对波斯人和萨卡人进行无情的大屠杀后，必定会重整阵形，再度向他进击。波斯士兵步履不稳，是否能够承受住再一次的方阵冲击呢？他对此忧心忡忡。在他的身后，数千惊慌失措的士兵们正在水中艰难行走，试图登上船舶保全性命。达提斯必须为这些人争取时间。只要有足够多的波斯士兵幸存下来，他们就还有机会再次入侵希腊。

达提斯已经没有时间了。雅典方阵再次出击，漫天灰尘掩蔽

文明的冲突
THE FIRST CLASH

了盾牌的光泽，沾染斑斑血迹的长矛似乎也不复最初的锋利。手持长矛的雅典士兵浑身被汗水浸透，沾满泥土和血迹。他们感到疲惫不堪，但胜利还未取得，唯有不断地冲锋。刚刚经历沉重打击的波斯士兵们见此情景必然是心惊胆战，却已无处可退。达提斯以身作则，率领一众将士坚守战场，战斗至最后一刻。

这一次，疲惫的希腊人故意放慢节奏，方阵未像之前那样高速行进，波斯战线暂时得以勉强维持。波斯舰队附近，孤注一掷的士兵们拼死扭打，战况异常激烈。卡利马库斯就是在此处遭到致命伤害，不幸身亡。埃斯库罗斯刚刚将手抓在一艘波斯船只上，就发现哥哥塞尼格鲁斯的一只手被人砍断。经过漫长的鏖战，波斯军队已失去抵挡之力，雅典人蜂拥来到那片狭窄的海滩。不过，达提斯部署的战线成功护住波斯大多船舶和幸存士兵逃走，只有7艘战舰被雅典截获。

波斯舰队驶入爱琴海，雅典重装步兵开始休息，轻装部队则四处搜寻和杀戮波斯残兵，尤其是躲藏在大沼泽中的大批士兵。雅典将军们在战后清点人数，发现雅典损失了192名重装步兵。中军经受了猛攻，安条克部落和安提斯部落伤亡最为惨重，前者在军队中心遭到波斯强攻，后者则参与了战舰附近的殊死搏斗。战争另一方的波斯军队中，6000士兵横尸马拉松，雅典实质上取得了巨大胜利。

第五部分 战 役

马拉松古墓，192名死于马拉松战役的雅典战士的坟茔。战役结束后不久，雅典人在大多士兵阵亡的地点修建了这个坟堆（艺术文献库/詹尼·达勒·奥尔蒂）

战争得胜后，传令官菲迪皮德斯奉命向雅典城传送消息。传统的故事讲述道，他身穿全套甲胄跑完全程，高喊出"欢呼吧！我们赢了！"之后便倒地身亡，今天的马拉松比赛就是起源于这个历史传奇故事。希罗多德的书中没有提到信使从战场被派往希腊的故事，菲迪皮德斯的名字也未曾出现。大约在600年后，所谓的跑步者才首次被普鲁塔克提及，而菲迪皮德斯再次被提及又是百年以后，罗马帝国时代讽刺作家琉善在书中对他进行了介绍。普鲁塔克说，这位跑步者的名字是色里思珀斯或尤可斯，琉善认为他叫菲迪皮德斯，并称他在死前曾经高呼："太好了！我们赢了！"这两位作家生活的年代距离马拉松战役发生的时间，比现代读者与西班牙无敌舰队的间隔还要长，因此一些历史学家

文明的冲突
THE FIRST CLASH

对于传令官全程跑步传送消息是否确实发生过存有怀疑。雅典重装步兵取得战争胜利，却未能成功将喜讯传递回城，这种说法实在令人难以信服。雅典的男女老少们都在翘首盼佳音，雅典指挥官自然要命人即刻返城，报告喜讯。所以说，这个故事的具体细节或许已被历史的迷雾掩盖，但我认为肯定有人接受命令，从马拉松出发向雅典城传递消息。雅典军中有职业传令官，因此传令官能够跑完全程也是确切无疑的。我们几乎可以百分之百肯定，第一个马拉松长跑确实发生过，其距离略短于现在的 26.2 英里，可惜跑完全程之人的姓名无法查证。从雅典出发至斯巴达再返回，直到马拉松战役获胜，菲迪皮德斯有充分的时间恢复体力，所以他很可能就是那个将获胜的消息传递给雅典一众市民的人。至于传令官是否用尽最后一丝力气来宣布喜讯，我们就永远也无法确证了。

传令官全速奔回雅典之时，原本欢欣鼓舞的重装步兵看着大海，脸上浮现出恐惧的神情。波斯舰队正在向南行驶，大家都意识到，战争尚未终结。雅典城此时正处于无人防守的状态，波斯人若从帕勒隆的海滩登陆，赶在日落以前就能抵达数英里开外的雅典。士兵们茫然无措地凝视远处，不禁怀疑赢得这场恶战是否毫无意义。很快，新任指挥官接替了卡利马库斯的位置，向士兵下达新的命令，此人很可能就是米太亚德。

海滩上身心俱疲的重装步兵使出最后的力量，振作精神，举

第五部分　战　役

起长矛，肩扛圆盾牌，重整阵形。伤亡惨重的安条克部落负责守卫战场，收集波斯营地里丰厚的战利品，其余9个部落开始了与时间赛跑的征程。马拉松平原距离雅典约26英里，而波斯人已占得先机。

达提斯抵达帕勒隆海岸，发现雅典重装步兵以超出人类的毅力，赶在他之前到了那里。俯瞰海滩山脊，那里排列着数千雅典战士，他们意志坚定，誓与胆敢登陆的波斯军队一决生死。在马拉松损失6000人员，所剩军队成了一团乱麻，达提斯断然没有勇气再战，下令波斯军队掉头返航。

雅典赢了。

第二天，2000斯巴达人抵达马拉松。他们没有及时赶来加入战斗，但他们想要看看这个战场，或许是想要亲自确定雅典人是否真的大获全胜。斯巴达人参观完战场，对取胜的雅典表达赞美之情，便在当天晚些时候打道回府了。

卡利马库斯已死，荣耀便都落到了米太亚德身上。他充分利用自己的政治优势，要求雅典公民大会给他军队，并赋予他统领70艘雅典战舰从爱琴海出发进行远征的权力。马拉松战役刚结束不久，他就在公元前490年的秋天出发，对爱琴海上一干岛屿进行征服。大多岛屿都不战而降，唯有少数进行抵抗，在雅典发动攻击之后才屈服。米太亚德要求所有岛屿向雅典支付赔款，用以弥补波斯战争的花费。然而，公元前489年的春天或夏天，他在抵达帕罗斯岛后，遇到了麻烦。帕罗斯岛曾在马拉松战役中派出一艘三桨战船援助波斯，因此米太亚德向它提出的赔款标准相当高——100塔兰特。帕罗斯人拒绝支付，紧紧关起城门。

米太亚德将这座城市围起来，就在帕罗斯人差点被迫投降之时，岛屿远处的森林里突发大火。帕罗斯人此前曾派人请求波斯施以援助，所以看到远处冒起火光，以为波斯大军即将抵达，士气大振，随即停止投降谈判。米太亚德可能受了不轻的伤，或一条腿严重骨折，无法继续指挥围攻，只好率领雅典舰队返航。

他离开的时间太久了，等到返回之际，他的政敌已经张开魔爪，要对他进行无情的攻击，而米太亚德在帕罗斯岛的失利为这些人提供了绝佳机会。米太亚德曾经承诺，他将带着财宝凯旋，结果却令雅典蒙受失败的屈辱，并且他的远征耗尽了雅典国库的财富。他再一次坐上审判席，等待人民对他性命的裁决。在人民一如既往的支持下，他有幸逃过死刑，但被判支付50塔兰特的天价罚金。不过，罚金再高于他而言也无所谓，审判结束后不久，他在帕罗斯岛受的伤，伤势恶化，伤口生出坏疽，结束了他的生命。

第二十一章
大 争 论

我在上一章的开头曾经提过,重现马拉松战役是我对寥寥无几的资料进行研究分析而独立完成的。下文所述问题并非由我提出,而是从过去一个世纪伟大的古典学者们重现马拉松战役的著作中精选而出的。

波斯骑兵在哪里?

骑兵是波斯军队在所有战争中的决定性力量。然而,希罗多德讲述马拉松战役时,对波斯骑兵只字未提,过去 200 多年间,历史学家就骑兵是否参与这场战争展开了激烈辩论。希罗多德写道,大流士命令工匠建造了运输马匹的特别船舶,这些马匹在埃雷特里亚曾经下船。他说波斯人之所以将马拉松选为登陆地点，就是因为平原适宜于骑兵作战，但他未曾提及骑兵是否去了希腊大陆。由于缺乏证据，历史学家们做了大量的猜测。有人称开战时马匹尚未从埃雷特里亚运至马拉松，其他人感觉这些马当时正在大沼泽北边吃草，未能及时返回，参加战斗。

我认为骑兵肯定到了马拉松平原。我的理由很简单。首先，骑兵是波斯军队的重中之重，在战斗中占据绝对核心的位置。波斯人是马上的战士，除非出现不可控制的状况，否则骑兵不可能缺席战争。其次，希罗多德说过，达提斯的远征军中确有骑兵。在我看来，他费尽心思将体形庞大、身躯笨重的马匹运过爱琴海，却在计划与雅典军队面对面交战之前将其抛在另一座岛屿，这种可能性几乎为零。马拉松平原牧草稀疏，波斯马匹饲料奇缺，达提斯有可能将骑兵部署到了大沼泽的北部。但如此一来，骑兵距波斯大军相当遥远，要保护其不受雅典轻装步兵的袭击就成为无法解决的难题。而且战争开始之后，骑兵们无法从几英里之外迅速返回，给敌人以重击，所以这样的猜测恐怕是不大可信的。

关于波斯骑兵参加马拉松战役的文字记载很少，鲜有的记录也是在战役发生的几百年后，不过考古证据表明，波斯骑兵确实参加了这场伟大的战役。战争结束后不久，雅典命人建造了纪念马拉松战役的绘图柱廊。画作至今已经遗失，但考古学家们在意大利布雷西亚圣朱利亚博物馆陈列的罗马石棺，以及雅典卫城山

第五部分　战　役

顶胜利女神庙的一个雕带上分别发现了画作复制品的部分内容，两处图像都描绘了波斯战舰附近的激战场面，波斯骑兵的身影赫然可见。

从考古证据来看，我确信骑兵肯定参加了战役，而希罗多德未曾提及的原因是，他的读者都深知这一事实，不需要额外加注说明。上一章节重现的战役中，骑兵在战舰附近加入战斗，与现存的战役考古证据完全一致。之前我曾提出波斯军队准备离开的行为驱使雅典主动进攻的论述，只要动用一点点跳跃思维就能想到，波斯人首先肯定要将马匹装上船。观看过赛马的人都知道，要让马匹进入起跑门就已经是件很不容易的事情了。很多时候，马匹一旦受惊，就会拒绝进入起跑门，甚至可能伤及自身。如此想来，在开阔的海滩或是浅滩，让1000匹或者更多的马匹从梯板走上船舶，必定是难上加难。

雅典一进攻，骑兵肯定会将海滩上剩余的所有马匹集结起来，其他人则赶紧将马匹推下船只，进入浅滩。他们争分夺秒地组建起一支足以改变局面的队伍，可等这项工作完成之时，波斯侧翼已被击溃。达提斯清楚地知道，骑兵在势如破竹的方阵面前毫无用处，便将他们部署在舰队附近，充当最后一道防线。

虽然我的重现过程未曾提及，但还有另外一种可能性不容忽视。波斯人和萨卡人是大流士手下最优秀的战士，他们都是从帝国遥远的东部地区招募而来的。希罗多德说过，达提斯离开大流士，奔赴爱奥尼亚之时率领着一支大型军队，这些人很有可能就

文明的冲突
THE FIRST CLASH

是出现在马拉松战场的波斯人和萨卡人。合理推断来看，达提斯和大流士希望在马拉松战役中以步兵作为战斗核心，达提斯有没有可能安排只擅长马上作战的萨卡人来担任他们所不熟悉的步兵角色，导致他们的作战效率大幅降低呢？但从另一个方面来看，在长达6年的战争结束之后，波斯为何要放弃爱奥尼亚无数的精良步兵，却费尽心思命萨卡"步兵"穿过整个帝国奔往战场呢？

由此分析可知，希罗多德或许告诉我们，骑兵确实参与了马拉松战役。他说过，波斯人和萨卡人占据着波斯战线的中心位置，他的听众会理所当然地认为他所指的就是骑兵。但是，现存残缺不全的绘图柱廊中描绘的是骑兵在船舶附近作战的景象，我对战役的重现也已经否定了希罗多德听众的解读。倘若骑兵是在波斯军队中心，应该会有相当数量的骑兵冲破雅典渐渐收紧的圈套，冲至海边的船舶旁边战斗。实际上，波斯人习惯将骑兵部署在侧翼，而非中心。不过，或许他们认为最好让马匹远离大海和山脉，防止轻装步兵向下发动突袭。

如果波斯骑兵真的参加了马拉松战役，能给战争的过程或是结果带来什么改变呢？答案是几乎没有。首先，卡利马库斯在知晓骑兵在场的情况下，自然会制定相应的战略。轻装步兵举起拒马，为侧翼提供保护，火把在战斗中会发挥不可替代的作用。希罗多德说过，重装步兵靠近波斯舰队的时候，他们开始大声呼喊"火"。由此可以猜测，附近应该有人举着燃烧的火炬。骑士拥有非凡的勇气与毅力，但马匹若被长矛刺中，必定是四散而逃。骑

第五部分 战 役

兵队伍在狭小的平原上施展不开拳脚,不消片刻就会被雅典方阵击溃。只要方阵保持阵形稳固,骑兵是无法给它造成任何打击的。

重装步兵能跑多远?

希罗多德说,雅典人开始进攻的时候,距离波斯战线 8 斯塔德,也就是将近 1 英里,而且他们是全程跑向敌军的。几乎所有研究过马拉松战役的历史学家都对希罗多德的这一记载嗤之以鼻,称全副武装的步兵不可能跑完近 1 英里的路程之后还有力气作战。其他没有完全反对的历史学家对希罗多德的版本略做修改,推测重装步兵们可能是快速起步,并在最后阶段提速。

进一步讨论之前,不妨先看看希罗多德的原话:

> 士兵们整装待发,决心为国效命;雅典人收到进攻指令,**跑向波斯敌人**。两军至少相距 8 斯塔德。波斯人眼见雅典人跑动而来,做好了迎战准备;眼见雅典派出数量如此之少且无骑兵或弓箭手作为支援的士兵,一路**跑向自己**,他们必定认为雅典人已经走火入魔,失去理智。野蛮人心中是这样想的;然而,决心近身搏斗的雅典人是可敬可畏的。**在此之前,我们从未目睹过跑动进攻的希腊步兵**……

文明的冲突
THE FIRST CLASH

希罗多德显然认为跑动是一件值得引起特别注意的重大事件，因为这是他第一次了解到希腊人会以此种方式进攻。他要在雅典人面前朗读他的作品，而这些人从小到大，听过无数关于马拉松战役的故事。他当众诵读作品之时，听众里不乏尚健在的马拉松战士。希罗多德一再称颂的跑动恐怕早已成为封存的记忆，这让人不由产生几个疑问。首先，战场上的记忆有几分可信度？科学能够对此给出部分答案。肾上腺素激增会让人对事件产生清楚并且永生难忘的记忆，人们容易忘却日常的事务，却对创伤性事件的每个细节历历在目，哪怕这件事情发生在很久很久以前。久经战场的士兵们都有这样的经历，浓如烈火的敌意会让人的肾上腺素迅猛上升。

但这并不能说明记忆就是准确的。2003年美国入侵阿富汗期间，我曾参访过上百士兵，他们的记忆就明显与事实存在偏差。我进行采访的平均时间是战后18个月，不过对很多士兵的采访是在攻占巴格达之后的几天。有趣的是，不同受访者对于同一事件给出的讲述多有出入，主要反映了他们个人对于战争的看法。士兵描述自己亲身参与的战斗时，第一次受访所给的描述与一年多后完全一致。在马拉松战役的开始阶段，雅典士兵既要在波斯做好充分应战准备之前就冲至敌军面前，还得尽快穿过弓箭手的杀伤区域，全力跑动是最合理不过的选择。如果说1万人的重装步兵都"记得"自己跑向波斯军队，那么可以确定，事实就是如此。

第五部分 战 役

公元前6世纪的花瓶上绘制的重装步兵跑动作战场景。对于希罗多德所述马拉松战役中雅典士兵的跑动进攻，很多历史学家都曾表达过质疑。这个与该战役同时代的花瓶展示了重装步兵跑动的场景，需要讨论的是，他们能跑多远，能跑多快（艺术文献库／那不勒斯考古博物馆／奥尔蒂）

还有一个问题：全副武装的士兵，举着沉甸甸的盾牌，能够跑到近1英里之外的地方吗？一篇论文指出，根据美国宾夕法尼亚州立大学的测试，这从体能学角度来说是不可能的。研究者找到体育专业学生，为他们配备和重装步兵同样的装备，让他们跑完1英里，结果没有一人完成。但是，这一所谓证明很难令人信服。运动员们都明白，锻炼是有针对性的。如果想做很多俯卧撑，就必须多多练习俯卧撑，进行再多的举重训练也无益于俯卧撑能力的提升。任选一位身体状况良好的体育专业学生，让他加入美国海军陆战队或伊拉克或阿富汗的第 101 空降师分队，执行这些士兵们每一天都在整天执行的任务，他不出一小时就会体力不支。体育馆或跑道上的长时间训练并不足以让人背着 100 磅的作战装备，顶着接近 52 摄氏度的炎热进行战斗巡逻。

我想再次引用个人经历进行说明。22 岁时，我以少尉身份加入第 83 空降师，当时的中校兰克·埃克斯会乐此不疲地命令士兵们列好阵形，背起沉重的背包，在当地体育馆的阶梯上下全速奔跑，这种训练令我极为痛苦。在两年多的时间里无数次重复这一枯燥而痛苦的训练，结果是士兵们可以在负重情况下快速跑动 5 英里甚至更多。我多次目睹士兵们排成紧密阵形，举着步枪，以持枪姿势跑了一英里又一英里。这是一件容易的事情吗？绝对不是。但对于接受专门训练的士兵来说，这是可以做到的。

参加马拉松战役的雅典人在之前 10 年间几乎都处于连年征战的状态，就此推断，他们平日的训练是极为严苛的。他们会为跑动冲锋进行专门训练吗？众所周知，雅典的奥林匹克运动会就是专门为此而设立的，参与者们配备重装步兵的全副甲胄，举着盾牌全力奔跑前进。不过，我倒是对一个地方有所疑惑：冲刺 1 英里是勉强可以实现的，但这样会破坏方阵凝聚性，而且气喘吁吁的重装步兵恐怕无法立刻投入战斗。因此，雅典人所说的跑动很可能只是在部分距离内小快步前进，直到进入弓箭手杀伤范围之后再真正地跑动。在他们的脑海里，这两者之间并无任何区别。我记得弗兰克·埃克斯中校让我们肩负背包训练时，我们的行军速度并不很快，但我们自己总说自己在跑步。

我想引用最重要的古希腊学者的话语来结束这一部分的讨论："1917年6月26日星期天的《泰晤士报》中，哈罗德·麦克米伦写道：'参加过伊普尔战役的所有人（他本人便是其中一员）都不会忘记从波佩林赫到伊普尔的那段路。'到公元前445年，老兵们必定同样无法忘却公元前490年从马拉松返回希腊的路途。我认为希罗多德突出强调的事实是无可争辩的，包括来到马拉松的波斯远征军，雅典军队从雅典出发、几天的时间里按兵不动、快速的冲锋、侧翼的胜利、中军的失利、侧翼合力攻击敌方中军、迅速步步紧逼至岸边、截获7艘战舰……"

为什么雅典人没有等待斯巴达人？

雅典等待斯巴达救援一个星期之后，为何在明知斯巴达先头部队不出一天即可抵达的情况下，突然决定单独出击呢？这个问题的答案永远也无从知晓了。毫无疑问的是，雅典人对于第二天早晨到来的斯巴达人是热烈欢迎的。要是他们耐心等待所有斯巴达军队抵达，两军合力发起猛攻，足以歼灭整支波斯队伍。雅典人既然知道斯巴达正在全速赶来救援的路上，那么是什么促使他们在斯巴达人抵达前一天发动攻击呢？一些历史学家认为，雅典人没有选择进攻时间的机会，因为波斯人得知斯巴达大军正在逼

文明的冲突
THE FIRST CLASH

近，先发制人开始攻击。这种观点彻底推翻了希罗多德的记叙，但因为希罗多德是唯一一个亲自同战士们交谈过的人，所以他的版本才是值得相信的。倘若将上述无稽之谈奉为事实，那等于对这场战争唯一的同时代见证人的记叙置之不理，也就无从了解这场战役的开始或是过程。

经过认真思考，并对其他关于马拉松战役的记叙进行深思熟虑，我得出这样的结论：很可能由于波斯撤退，雅典人不得不在没有等到斯巴达援军的情况下，选择背水一战。雅典人不能让波斯毫发无损地起航离开，随后再在其他地方给雅典造成威胁。此外，登船造成的混乱场面必定也令雅典人找到了绝佳的出击时刻，卡利马库斯等待波斯露出破绽的时刻已经很久了。我完全反对所谓雅典独自出战以免同斯巴达共享胜利荣耀的说法。卡利马库斯和米太亚德经过 60 年的人生历练，绝不会愚蠢到去冒不必要的风险。

盾牌信号

希罗多德告诉我们，战斗结束后，希腊叛徒利用盾牌反射阳光，向海上的波斯军队传递信息。许多希腊人认为，这一信号旨在告诉波斯人，雅典正处于无人防备的状态，如果波斯人立刻驶向帕勒隆，攻下雅典则胜券在握。当时，一些希腊人似乎以为阿尔克迈翁家族成员在同希庇亚斯勾结，企图背叛祖国。但是，希罗多德在这一点上坚决维护阿尔克迈翁家族，表明他确实曾经与

第五部分 战 役

该家族成员交谈过。

我相信的确有人利用盾牌发出了信号,但在重现战役过程中并未提及这一点,因为我无法查证是谁发出了信号,它传达了什么信息,以及它是发送给谁的。如果说得知有人发出信号,导致雅典人加速回城进行防御,那这个信号就有必要一提,否则它对这场战争或随后的军事事件都是没有任何影响的,也就不值得一提。马拉松战役后的数年时间里,关于信号的争辩对雅典政治或许产生过影响,不过关于辩论的具体细节并没有相关记载。

谁是指挥官?

卡利马库斯。在他担任指挥官期间,米太亚德为他提供了极为有用的建议和高效的协助。由于卡利马库斯战死沙场,米太亚德便在返回雅典后成为当时的英雄。不久之后,他死于监禁,说明雅典人并不认为他在这场战役中的贡献超越其他将士。不过,这里有必要强调一下,雅典人素有惩罚成功将领的恶习。

我十分明白,要想推翻几千年来人们对米太亚德的歌颂绝非易事,但我相信本书前边的章节已经清楚阐述了卡利马库斯在马拉松战役中扮演的关键角色。

波斯营地的位置在哪儿?

波斯大军是名副其实的职业部队,他们刚一抵达马拉松,便立刻着手修建防御稳固的营地。如若忽略这一重要工作,恐怕会

文明的冲突
THE FIRST CLASH

招致希腊人发动毁灭性的夜袭，遭到全歼。卡利马库斯在战前已经思虑过波斯营地的位置，并根据此确定进攻的战术。关于营地地点，既无文字记载，也无其他任何形式的记录，我们只能凭借军事常识进行合理推断。

波斯营地最有可能设在大沼泽的边缘，波斯船舶停泊的海滩入口处。这里距离大海很近，容易发现希腊可能发起的进攻，也是守卫岸上船舶的最佳地点。战役的过程进一步支持了这种推测。如果营地就在我所说的地方，那么他们冲进容易守卫的营地之前首先阻止侧翼军队，尤其是右翼部队的举动就更能令人理解了。波斯人在准备撤退的过程中，很有可能拆毁了部分营地，不过希腊人制订作战计划之时并不了解这一情况。再说，即便部分营地遭到拆除，这里仍然是波斯人集结的不二之选，达提斯将在这里号令士兵进行最后的抵抗。我可以确定地说，达提斯利用这个设防营地建立了新的防线，命将士们拼死战斗，保护波斯绝大部分战舰逃入爱琴海中。

波斯军队去往帕勒隆

波斯人沿苏里昂角航行，直指雅典，这是确定无疑的事实，但对于他们为何这样做却没有确切的答案。他们的目标肯定不是攻占雅典，因为这样的行径会给波斯带来灾难性的后果。假设波斯轻易攻入毫无防备的雅典，下一步该是什么？波斯人身陷雅典，一座食物储备耗光殆尽的城池，一心报仇雪恨的雅典军队在

第五部分　战　役

城外虎视眈眈，斯巴达和其他城邦的重装步兵加入雅典大军，迫不及待地要与波斯进行最后的厮杀。达提斯恐怕绝不会认为这支残损不全的军队还能抵御猛烈的围攻战，也就是说，他应该不会急匆匆地攻进雅典，让自己的军队因饥饿而投降或是惨遭屠杀。所以，波斯去往帕勒隆必定是出于其他原因。

达提斯有可能是想登岸，进入内陆，与雅典人在陆地开战，这样波斯的作战优势就会凸显出来。问题是，一支刚刚损失了6400名士兵的军队怕是不太可能这么着急再次开战。重装步兵的强势作战风格必定给波斯幸存者们留下了严重创伤，达提斯要说服战士们再次投入战争绝非易事。他或许在航行途中会向士兵们讲话，并设计出作战计划，但这种可能性可以说为零。如果说波斯军队在雅典进攻之前已经开始撤退，那么这些船只此时就是在执行提前安排好的计划，达提斯此时是无力改变此计划的。更有可能的解释是，波斯舰队装载完毕之后立刻出发，达提斯现在要将其集结起来，就必须坚定不移地朝这个方向航行。

如果回想一下波斯人最初来到阿提卡的原因，就能推测出可能性最高的答案。爱奥尼亚起义初期，雅典放火烧毁萨第斯城，故而波斯人来到埃雷特里亚和阿提卡寻仇。达提斯给埃雷特里亚造成重创，打算带着新俘获的奴隶回国，但是他的任务只完成了一半，大流士必定要问及雅典的下场。达提斯大可以隐瞒或解释几千士兵的伤亡，这个数字对于强大的波斯帝国来说并不算太大。问题在于，这场征战没有完成主要目标，他难以向大流士解释。因此，我个人认为，达提斯打算以牙还牙，烧毁雅典城，一报萨第斯之仇。他的计划是登陆以后闪电行军，攻陷雅典，放把火烧了这座城池，然后再回到船上。他肯定是想在雅典重装步兵返回，再次痛击波斯军队之前烧毁他们的城市。埃雷特里亚的奴隶，夷为灰烬的雅典城，这些足以令大帝满意了。要是运气好的话，说不定还能抓获大批雅典人，将他们带回波斯送给大帝作为礼物再合适不过了。假设这真是他的计划，那么看到雅典方阵排列在海边，誓要击垮任何登陆的企图，此情此景必然迫使达提斯放弃了所有计划，悻悻而返。

结　论

爱华·克里西将马拉松战役列为历史上15场最具决定性的战役之一，然而，马拉松战役10年之后，波斯向希腊发动了一场规模大得多的侵略战争，马拉松战役相较之下显得并没有那么重要了。许多历史学家认为，马拉松战役事实上无足轻重，对强盛的波斯帝国而言有如针扎。可是，这种对马拉松战役的整体轻视忽略了重要的一点：倘若雅典和普拉蒂亚的盟军在马拉松战役失利，希腊将逃不出覆灭的命运。波斯一旦攻陷雅典，斯巴达人只得返回伯罗奔尼撒，准备迎接波斯最后的袭击。波斯人将在阿提卡度过严寒的冬季，在次年完成新的征战。最有可能的情况是，波斯人在冬季养精蓄锐，利用帝国以及因眼见雅典沦陷而自动倒戈的希腊城邦派来的新军，极大扩充兵力。

等到来年春天，波斯人面对的将是一个完全不同的希腊。科林斯地峡以北所有城邦都已向波斯臣服，斯巴达要么孤身作战，要么竭力管控那些左右摇摆的盟友。麦西尼亚人看到后趁机叛变，支持波斯，以图争取自由。面对如此困难的境地，斯巴达或许尚有胜算，但概率并不会高。实际上，最有可能的结果是，斯巴达将与波斯进行一场大战，却终究无法挽回败局。

很多人都忽视了雅典得胜对于整个希腊士气的提振作用。马拉松战役之前，波斯足以令所有希腊城邦不寒而栗。希腊人在爱奥尼亚曾与波斯有过长时间的交战，但双方在马拉松才展开了第一次真正的激战。雅典的胜果向所有希腊人证明，他们强健彪悍、纪律严明的重装步兵比东方游牧部落建立的波斯帝国要强大得多。在很大程度上，雅典在马拉松战役中的大获全胜为整个希腊都树立了信心，所以他们才能在面对公元前480年大流士继任者薛西斯率领的大军入侵时，坚决进行顽强抵抗。然而，现在的人们更加了解10年后波斯发动的第二次入侵战争，这对于马拉松战役中的战斗英雄们来说实为一种遗憾。300斯巴达勇士在温泉关的大无畏战斗；普拉蒂亚决战中近4.5万的希腊重装步兵与10万人的波斯军队经过拼死鏖战艰难取胜；萨拉米斯海战中的希腊海军大胜波斯，终结波斯统治地中海的企图……这些都是为人们所津津乐道的英勇事迹。

问题是，如果雅典在马拉松战役中失利，整个希腊被划入波斯帝国版图，就不会有第二次波斯入侵了。倘若 10 年前的雅典被规模较小的入侵军队击溃，其他希腊城邦断然不会有勇气抵挡更大规模的波斯侵略。雅典在马拉松平原仅仅取胜是不够的。如果说雅典重装步兵遭受重创之后仅以微弱优势获胜，整个希腊都无法逃脱波斯铁骑的践踏。

战役结束之后几十年内，希腊无一人对它的重要意义有过质疑。雅典人对于马拉松战役充满崇敬，战斗英雄们至死都受到人民的尊崇。这些战士堪称希腊"最伟大的一代"。希罗多德向众人诵读他的《历史》（公元前 425 年）时，阿里斯托芬的伟大喜剧《阿卡奈人》正在上演，他在剧中这样描述尚在世的马拉松战士："他们是参加过马拉松战役的战士，坚定如橡树，刚毅如枫树，在艰苦的鏖战中磨炼出钢铁般的意志。"那些参加过马拉松战役的人永远都不会忘记这次经历。伟大的剧作家埃斯库罗斯在墓志铭中只字未提自己剧作家的身份，曾参加过萨拉米斯海战的他只希望能够以"马拉松战士"的身份被人铭记。他的墓碑上刻着这样一段话：

> 墓碑下安睡着雅典人埃斯库罗斯，欧福里翁之子，
> 在丰饶的格拉，死亡战胜了他。
> 马拉松战场的树林见证了他的勇敢，
> 野蛮的波斯人也曾目睹他的英勇。

文明的冲突
THE FIRST CLASH

马拉松战役中，雅典拯救了自己，拯救了希腊，甚至是拯救了整个西方文明。有人宣称，马拉松战役对独特的西方文明之诞生和发展毫无影响力可言，这些人进一步指出，即便雅典在马拉松失利，伯里克利、亚里士多德、柏拉图和苏格拉底依然会出现，依然会散发出智慧的光芒，依然能够实现伟大的成就。然而，倘若这些伟大的思想家以奴隶身份生活在专制帝国的压迫之下，他们如何能够发扬独立自主的精神呢？西方文明之所以能够延续下去，离不开一代代"坚毅如橡树的战士们"身披青铜战甲，殊死搏斗，在实力悬殊的对战中赢取胜利，赢得永恒的荣耀。